# 유쾌하게 나이 드는 법
# 58

큰글씨로 읽는 책

# 유쾌하게 나이 드는 법 58

Rules for Aging

로저 로젠블라트 지음 | 권진욱 옮김

나무생각

아내 지니에게 이 책을

(제21의 법칙 **가**를 보라)

## 《유쾌하게 나이 드는 법 58》에 쏟아진 찬사

"이 책을 읽는 데 채 두 시간도 걸리지 않았다. 하지만 몇 번이나 큰 소리로 웃었고 계속해서 히죽거렸다. 매우 만족스럽다." – 산 호세

"나는 이 작은 책에 대하여 '대단하다'라고 쓰려 한다. 그러고 나서

찬사에 대한 '로젠블라트의 법칙(제11의 법칙)'을 다시 한 번 떠올려 보아야겠다. 가까이 두고 가끔씩 꼭 다시 읽어라." – 애너

"30대 중반인 나는 이 책이 유머러스하면서도 깨달음을 주는 책이라는 사실을 알게 되었다. 이 책은 시간과 나이에 구애받지 않는, 유익하고 소박한 지혜를 담고 있다. '법칙' 몇 가지를 적용해 보는 것만으로도 여러분 자신과 삶이 한결 만족스러워질 것이다." – 다린 L. 부스맨

"눈물과 웃음이 뒤범벅이 되어 책을 다 읽고 났을 때, 이 책은 바로 나에 대한 책이라는 걸 알게 되었다. 이제 나는 변했다. 놀랍지 않은가!"

– 리처드 A. 스완슨

"《유쾌하게 나이 드는 법 58》을 다 읽고 나서 처음으로 한 일은 내가 아는 모든 사람들에게 이메일을 보내어 이 책을 추천하는 것이었다. 정말 잘 쓴 책이다. 나는 특히 '당신만 생각하고 있는 사람은 아무도 없다'는 2번 법칙이 맘에 든다. 40년 전에 이

걸 알았더라면!" – 찰리

"우리는 수많은 친구들에게 이 책을 추천하고 있다. 이 속에 든 지혜는 명쾌하고, 유머는 진짜 재미있다. 어떤 장들은 겨우 한 문장으로만 되어 있기 때문에 바쁜 사람들에게도 부담스럽지 않다. 물론 순서대로 읽을 필요도 없다." – 로마 다이스

"하하하…… 재미있고 통찰력이 넘치는 책이다. 몇 달 전에 읽었는데도 여전히 웃음이 나온다." – 민트

# 서문

이 작은 책은 인생에서 가능한 한 실수를 줄이고 성공적으로 나이 들고 싶어하는 사람들을 위한 것이다. 나는 이 책이 젊은 독자들만큼이나 나이 든 독자들에게도 도움이 되길 바란다. 하지만 중년에 접어든 사람들이라면 내가 소개하는 법칙들의 많은 부분을 이미 알고 있을 것이다.

이 책을 최근 주가를 올리고 있는, 수명을 연장시키고 부자가 되는 것에 초점을 맞춘 실용 처세론으로 보는 사람도 있을 것이다. 물론 그것도 이 책이 쓰여진 목적이다. 나이를 먹는다는 것도 하나의 과학적 현상인 만큼 잘 늙기 위해서는 분명 많은 기술이 필요할 것이다.

이 책에는 십계명처럼 '……하지 말라'와 '……가 아니다'라는 식의 표현이 많이 나오는데, 무슨 도덕적 근거가 있어서 한 말은 아니다. 여기 소개된 법칙들은 순수하게 실제 살아가는 데

도움을 주는 것들이다. 내가 여러분에게 이런 생각과 이런 식의 행동을 삼가라고 할 때, 그 말은 당신이 나와 반대로 행동하면 잘못이라는 말이 아니다. 단지 그렇게 하면 당신이 감수하게 될 뭔가가 있다는 것을 말하고 싶을 따름이다.

큰 의미는 없지만 편리를 위해 각 법칙에 차례대로 숫자를 붙여 보았다. 일단 번호들을 기억해 두면 정말 편리하다는 것을 알게 될 것이다. 독자들에게 부탁하는 것은 단 하나이다. 사물을 바라보는 시각을 기꺼이, 완전하게 바꿔 보라는 것이다.

세상살이에서 어떤 자극을 받았을 때 어느새 타성으로 굳어버린 자신의 반응과 충돌하지 않도록 경계하라. 그러면 완벽한 인생은 영원히 당신 것이 된다. 행운을 빈다.

로저 로젠블라트

# 유쾌하게 나이 드는 법 58

# 1

# 그것은 문제가 되지 않는다

이제 당신 수명을 몇 십 년은 연장시킬 수 있는 법칙부터 말하겠다.

당신이 문제라고 생각해서 괴로운 것이 무엇이든지, 실상 그것은 아무런 문제가 되지 않는다. 이것이 첫 번째 법칙이다. 이 법칙을 따르라.

때가 너무 일러서, 혹은 늦어서 문제

인가? 시기의 빠르고 늦음은 문제가 안 된다. 당신이 여기 있기 때문에, 혹은 저기 있기 때문에 문제인가? 당신이 그 말을 했기 때문에, 또는 그 말을 하지 않았기 때문에 문제인가? 당신이 똑똑하기 때문에, 또는 반대로 미련하기 때문에 문제인가? 오늘 여러 가지 상황이 좋지 않아서, 혹은 모든 일이 당신에게 너무 좋게 돌아가서 문제인가? 상사가 당신을 형편없는 사람으로 보기 때문에, 당신의 여자친구 혹은 남자친구가 당신을 바보로 보기 때문에, 당신은 정말로 멍청하기 때문에 문제인가? 승진에서 누락되고, 기다렸던

상을 받지 못하고, 꿈꾸던 집을 가지지 못했기 때문에, 또는 정반대로 승진을 하고, 상을 타고, 그 집에서 살고 있다는 사실이 마음을 괴롭히는 문제인가? 이 모든 것은 정말 중요한 문제가 되지 못한다.

# 2

# 당신만 생각하고 있는 사람은 아무도 없다

물론, 나도 알고 있다. 당신은 어제의 친구들이 적으로 변해 간다고 생각하고 있다는 것을. 단골 가게 주인, 미화원, 목사, 시누이, 하다못해 당신이 키우는 개마저 당신의 몸무게가 늘고 있다고, 당신이 무감각해지고 있다고, 당신이 제정신이 아니라고 말하는 것처럼 느껴질 것이다. 게다가 당신은 모든 사람들이 당신을 불성실한 사람으로 만들기 위해, 당신이 열심히 해놓은 일을 폄하하기 위해, 당신을 해칠 계략을 꾸미기 위해 시간을 보내고 있다고 확신하고 있다.

하지만 장담하건데, 당신 생각을 하고 있는 사람은 아무도 없다. 그들은 자신만을 생각하고 있다. 바로 당신이 당신 자신만을 생각하고 있는 것처럼.

# 3

# 나쁜 일은 그냥 흘러가게 내버려 두라

이 법칙에는 부연 설명이 필요한데, 그 이유는 이 법칙이 좀 복잡하고 매력적이면서도, 치명적인 인간의 재능 중 하나인 낙천주의와 관련되어 있기 때문이다.

불미스러운 일로 사회적 물의를 일으킨 어떤 사람이 있다. 그는 자신이 한 일에 대해 고집스럽게 해명하면, 궁지에서 벗어나 모든 게 잘될 거라고 믿고 있다. 여기서부터 우스꽝스런 비극이 시작된다. 다시 말해 그 낙천주의 자체가 위험한 결과를 초래하는 원인이 된다는 말이다.

1980년 9월 24일 오후, 벤딕스 사의 대표인 윌리엄 아게는 회사를 시끄럽게 한 일에 대하여 600명의 직원들 앞에서 해명을 하기로 결심했다. 그의 의도는, 일단 스물아홉 살의 금발 미녀 메어리 커닝햄과 자신이 '가까운 우정' 사이라는 것은 인정하되, 그녀가 행정보조원으로 입사한 후 15개월이라는 짧은 기간에 전략기획실 부팀장으로 초고속 승진한 일에 자신이 관여했다는 소문은 가라앉히는 것이었다. 자신의 입장이 분명했기 때문에 이제 아게는 수주일 동안 신문지상에 오르내리던 자신과 커닝햄의 스캔들을 남의 로맨스처럼 읽으면 그만이었다. 그렇지 않으면 중동지역에서 일어나고 있는 전쟁이나 곤두박질치고 있는 주식시장 기사에 관심을 가졌을 때였다.

그런데 아게가 공식적으로 사과를 표명한 후 오히려 회사 측에서는 '회사에 막대한 피해를 줄 수 있는 중요한 폭로'라는 표현까지 써가며 전혀 다른 문제를 끌어내었다. 아게는 아무리 기억을 더듬어보아도 회사를 위험에 빠지게 할 만한 일은 한 적이 없었다. 그는 "우리는 더 이상 밝힐 일이 없다."고 말했다. 하지만 이미 때는 너무 늦어버렸다. 곧 그와 커닝햄은 벤딕스 사에서 쫓겨나 미국 비즈니스계의 불명예 전당에 모셔지게 되었다. 그 이유를 따져보면, 두 사람이 불륜을 저질렀거나 커닝햄이 부당하게 승진을 했기 때문이 아니었다. 그보다 아주 간단한 이유, 바로 아게가 순진하게도 낙천주의자의 눈으로 세상을 대했기 때문이었다.

좋지 않은 일이 일어났을 경우 현실주의자는 그 일을 그냥 내버려 두지만, 낭만주의자는 그 소동을 깨끗이 정리하고 싶은 마음에 쫓겨 무언가 해명을 해야 한다는 쓸데없는 생각을 떨쳐버리지 못한다. 가엾게도 아게는 자신의 가슴속을 남김없이 털어 버리는 것이 정신 건강에도 좋다고 착각했다. 자신의 잘못을 고백하는 일이 설마 또 다른 의혹의 실마리를 제공할 줄은 꿈에도 생각하지 못했던 것이다.

고백이든 결백 주장이든, 그는 이런 일을 벌이기 전에 좀 더 면밀하게 역사를 들여다보았어야 했다. 자살 행위와도 같은 정직함은, 그를 앞뒤 계산도 하지 못하고 자기 죄의 가벼움을 밝혀내려는 사람들 중에서도 가장 눈에 띄는 바보 자리에 올라서게 만들고 말았으니까.

이런 사람들은 인생에서 아주 중요하고 가련한 순간에 부딪히게 되면, 자신이 세상 사람들이 다 알고 있는 그 스캔들에 대해 충분히 설명함으로써 용서받을 수 있으리라 착각한다. 그러니까 스스로 모든 것을 공개하고, 손에 쥐고 있는 카드를 모두 내보이고, 남들이 물어보기도 전에 먼저 혹은 자진해서 자신이 지은 죄를 시시콜콜 세부적으로 묘사하고, 그래서 자신이 지은 죄는 이것뿐이다라는 식으로 청산한다면, 세련된 대중들이 다같이 일어나 "이제 알았어요, 고마워요!" 하고 외치며 모든 것을 용서해 주리라고 생각하는 것이다. 하지만 이것은 악마가 바보들을 유혹할 때 쓰는 달콤한 속삭임일 뿐이다. 더더욱 슬픈 사실은 바보들은 이 악마의 속삭임에 아주 열심히 귀를 기울인다는 사실이다.

1902년 펜실베이니아 탄광 노조가 파업을 일으켰을 때, 조지 F. 바에르가 미국 멍청이 대열에 오른 것도 같은 경우다. 탄광 공동 소유자들의 최고 대변인이었던 바에르는 윌크스 배러에 살고 있던 한 주민으로부터 이번 파업으로 인해 내려질 보복 조치가 두렵다는 편지를 받게 되었다. 바에르는 그에게 자신의 생각을 밝힌 답장을 썼다. 나중에, 특히 전미(全美) 탄광 노조원들 사이에 널리 돌고 돌았던 그 편지에는 관리 대상자와 구제받을 직원들의 이름이 신성한 신의 이름으로 확실히 밝혀져 있었다. 바에르는 편지에 다음과 같이 썼다.

"일하는 사람들의 권리와 이익은 당연히 보호받을 것이며 고려될 것입니다. 하지만 그 판단을 내리는 사람은 폭동을 조장한 주동자들이 아니라, 무한한 지혜의 하나님이 이 나라의 재산적 이익을 지배하도록 하신 기독교도들입니다."

그래서 일이 그렇게 된 것이다.

그 다음에는 윌리엄 제닝스 브라이언이 있다. 1925년 소위 '원숭이 재판'으로 더 잘 알려진 스콥스 재판(The Scopes trial)이 이루어지는 동안 그는 근본주의 기독교 신자로서의 신조를 주장하기 위해 마지막까지 다윈의 진화론을 일체 인정하지 않았다. 철저한 반진화주의적 입장을 고집했던 그는 결국 자신을 전국적으로 (그리고 역사적으로도) 우스꽝스러운 사람으로 만들고 말았으며, 같은 해 이 재판에 따른 화병으로 죽고 말았다.

또 1955년 보건 교육 복지 장관이었던 오베타 컬프 호비도 있다. 그는 신(新) 설크 척수성 소아마비 백신 공급량이 부족했을 때 “이 백신이 이처럼 대단한 갈채를 받을 줄은 아무도 예상하지 못했다.”고 궁색한 변명을 했다.

그리고 빼놓을 수 없는 사람이 바로 리처드 닉슨이다. 자신의 죄없음을 밝히려다가 대통령 자리에서 물러난 것처럼 보였던 닉슨이야말로 완벽한 해명이 어떤 결과를 초래하는가를 아주 잘 증명해 보였다.

앞에서 보았던 모든 경우에서 얻을 수 있는 교훈은 '입을 다물고, 침묵에 숨어 있는 가치를 기억하라.'는 것이다. 라 로슈푸코가 침묵은 '자신을 믿을 수 없는 사람들이 자신을 위해 취할 수 있는 최선의 전략'이라고 공연히 말한 것이 아니다. 물론 침묵이 언제나 최상의 선택이라는 말은 아니다. 예를 들어 불신임과 고통이라는 두 가지 어려움에 빠져 있는 사람이 침묵한다면, 그 침묵은 사람들로 하여금 그 사람의 도덕성에 대해 함부로 억측하게 만들기도 하기 때문이다. 그래도 어떤 일,

특히 추문에 연루되었을 때는 입을 다 물고 있는 것이 대체로 현명한 처사이다. 추문은 어디까지나 상식적인 인간 심리로 다루어야 하기 때문이다. 그렇다면 인간 심리에는 어떤 상식이 깔려 있는가?

● 언제 어디서든 세상을 시끄럽게 만드는 사람은 있게 마련이며, 그는 대중들로 하여금 자신들이 남모르게 지은 비밀스러운 죄를 점점 더 의식하게 만든다. 누군가 자기 죄를 고백한 사람이 있다는 사실만으로도, 대중은 숨막히는 압박감과 자신의 죄가 드러날지도

모른다는 위협을 느낀다. 대중은 이런 압박을 견뎌낼 재간이 없다. 고백을 한 사람이 직접적으로 자기 죄를 밝힐수록, 대중은 더욱 그를 제거하길 원하게 된다. 이렇게 해서 대량 살상은 계속 이어진다.

● 어떤 추문이 완전히 그리고 깨끗하게 밝혀지기를 진실로 바라는 사람은 아무도 없다. 그리고 추문은 어디까지가 사실인지 진위를 밝힐 수 없는 모호한 상태에 있을 때, 마치 어린아이가 꽃이 가득 핀 들판을 뛰노는 것처럼 사람들의 상상력을 마구 뛰어놀게 만든

다. 공직자나 공인의 스캔들은 특히 호기심을 자극한다. 사람들은 근무 시간이 끝난 다음 책상에서 느긋하게 다리를 벌리고 앉아 신문을 들추면서 무한한 모험의 가능성에 대해 떠벌린다. 그런데 어떤 사람이 나서서 실제 사정은 이러이러하다고 말한다면, 이제 흥은 깨지고 상상력은 막을 내린다. 상상력의 자유를 박탈당한 대중은 점점 복수심에 불탄다. 대량 살상은 계속 이어진다.

자신에게 불리한 일은 그냥 흘러가도록 내버려 두어 목이 달아나는 것을 면한 좋은 본보기로는, 최근에 있었던 클린턴 스캔들을 들 수 있다. 세상 사람들이 다 알게 된 그와 르윈스키 사이의 부적절한 관계 때문에 그는 하마터면 대통령직에서 물러날 수도 있었다. 하지만 백악관 내부의 치밀한 협의와 여기저기 전화를 걸어 사전 조치를 해두는 전략으로, 클린턴은 자신이 꼭 해야 할 말 이외의 말은 한마디도 하지 않고 결코 평범하지 않은 이 위기를 잘 넘겨냈다. 만약 그가 기자들과 만나는 자리에서 "나는 그 여인과 성관계를 가진 적이 결코 없다."라는 말 대신 "나는 결코 르윈스키 양과 잠을 자지 않았다."라고 말했다면, 또 여기에 "내 사생활은 나와 내 가족의 것이고, 나는 이 문제를 계속 끌고가면서 국가적인 시간 낭비를 할 생각이 없다."라는 말을 첨가했다면, 그는 아마 좀 더 일찍 수렁에서 벗어났을 것이다. 아무튼, 결과적으로 그는 똑똑하게 처신한 것이 되었다. 특히 기자들을 상대로 최소한의 말을 했으니 말이다. 기자란 국민의 알 권리를 내세워 취재원이 가능한 한 많은 말을 해주기를 바라는 사람들이다.

# 4

# 적은 무시하라
# 아니면 확실하게 죽여버려라

험한 이 세상을 살아가려면

아주 영리한 사람이 되거나

아니면 아주 즐거운 사람이 되어야 한다.

나는 오랫동안 영리한 사람 쪽을

택해 살았다.

하지만 즐겁게 살기를 추천한다.

—하비 더 레빗

나 역시 대개는 즐겁게 사는 방법을 추천한다. 하지만 즐겁게 살면서도 영리하게 살 수 있는 한 가지 예외적인 상황도 있다. 하지만 그것은 당신에게 어떤 특별한 종류의 적이 있다는 사실을 알게 되는 아주 불유쾌한 상황이기도 하다. 여기서 특별한 종류의 적이란, 당신은 그에게 아무런 해를 끼치지 않았는데도 불구하고 당신 이름만 들어도 화가 나서 씩씩거리며, 당신에게 운 좋은 일이 생기면 배 아픈 강아지처럼 깽깽거리고, 당신의 성공 기사가 실린 신문을 물어뜯는 사람이다. 당신만을 골똘하게 생각하고 있는 누군가가 있다는 말이다. 그는 정말 납득이 가지 않는 이상한 방식으로 당신만 바라보며 살고 있다. 당신이 하는 말 한마디, 행동 하나에서 자신의 존재 이유를 찾는 사람이다.

아이언 랜드의 장편소설 《근원The Fountainhead》에서도 이런 묘한 성격을 가진 비평가가 등장한다. 비평가는 건축가인 호워드 로악을 증오하고 있다. 그 증오는 정말 무지막지하다. 로악의 작품이 얼마나 훌륭한가는 비평가에게 중요하지 않다. 매번, 틈이 날 때마다 로악을 공격할 수 없다면 살아야 할 이유 또한 사라지고 마는 것처럼, 로악을 노려보는 비평가의 눈은 언제나 굶주린 생쥐 — 가늘게 뜨고 시뻘개진 눈을 한 — 처럼 욕구와 불만으로 가득 차 있다. 하지만 비평가는 로악이 가지고 있는 지식의 원천을 완전히 꿰뚫어 보기에는 자신의 능력이 부족하다는 사실을 알고 있다. 그럼에도 그는 여전히 로악에게 상처를 주는 일에 필사적으로 매달린다. 최소한 자신에게 로악을 해치겠다는 마음이 있다는 사실을 로악으로부터 인정받고 싶어 안달을 부린다.

그러나 로악은 비평가를 완전히 무시한다. 그는 비평가 따위는 물론 자신의 비전을 방해하는 그 어떤 존재도 의식하지 않고 오직 작품에만 정진한다. 이러한 그의 태도에서는 니체의 초인적인 매력이 엿보이는데, 어쨌든 바로 이런 태도가 세상의 귀찮은 간섭이나 훼방으로부터 그를 보호해 준다. 드디어 비평가는 더 이상 무시당하는 것을 견딜 수 없게 되고, 지금껏 썼던 모든 악평을 총동원하여 로악에게 정면으로 도전한다. 그리고 반은 하소연하는 듯한 얼굴로 "날 어떻게 생각하십니까?"라고 묻는다. 이때 로악은 생전 처음 만나는 사람을 대하는 듯한 얼굴로 이렇게 대답한다. "아무 생각도 없소." 비평가는 기가 질려 슬금슬금 뒷걸음칠 수밖에 없다.

영화 〈카사블랑카〉에서도 이와 비슷한 장면이 나온다. 피터 로레가 "자넨 날 경멸하고 있군, 안 그런가?" 하고 묻자, 험프리 보가트가 이렇게 대답한다. "당신에 대해서 생각이라는 것을 했다면, 그럴 거요."

하지만 정상적인 인간 행동(그것이 무엇이든지간에)의 영역에서는, 누군가 당신을 해치려고 호시탐탐 기회를 노리고 당신을 괴롭히는 일에서 씁쓸한 행복을 찾으려는데, 로악처럼 그 상대를 완전히 무시하거나 잊어버리는 것처럼 행동하기란 아마 불가능할 것이다. 코끼리 피부처럼 얼굴이 두껍거나 무신경한 사람만이 자신에게 쉴새없이 불 같은 모욕을 쏟아붓고 진창으로 끌고 들어가려는 적에게 완전히 신경을 끊을 수 있을 뿐이다. 자신을 깎아내리려는 욕구로 생의 에너지를 소모하는 사람이 있다는 사실을 알면서도, 마음의 상처를 조금도 입지 않을 사람이 과연 얼마나 될까?

다른 많은 법칙이 그렇듯, 이 법칙의 전술은 아무것도 하지 않는 것이다. 절대 상관하지 말라. 아무것도 하지 말라. 이게 전부다. 당신에게 적이 있다면, 그 적을 완전히 무시하거나 아예 입도 뻥끗 못하게 죽여야 한다. 물론 당신이 아무런 관심을 기울이지 않는다고 해서 당장 그 적이 물러서지는 않을 것이다. 하지만 결국은 점점 더 실망하게 되고, 자기 혼자 미친 듯이 날뛰고 있다는 사실에 갈팡질팡하다가 점점 불행해질 것이다(적의 불행, 이 얼마나 좋은 일인가!). 당신의 삶이 행복해질수록, 적의 삶은 비참해질 것이다.

진실은, 이런 특별한 유형을 한 인간들의 적은 바로 자신들이라는 사실이며(그들은 어떤 불 같은 경쟁심 때문에 이런 짓을 한다고 자인한다), 이들이 스스로가 만들어낸 덫에 걸려 통렬함과 절망으로 빠져 들어가는 꼴을 지켜보는 것 또한 우리 인생에 있어 하나의 즐거움이 된다는 사실이다. 하지만 이 즐거움을 만끽하기 위해선 꼭 기억해야 할 것이 있는데, 그들에게 일말의 동정이나 도움의 여지를 남겨 주어서는 안 된다는 것이다.

물론, 적을 무시하는 대신 죽일 수도 있다. 만약 상대가 당신의 생활과 인생에 정말 악영향을 끼치고 있다면, 나는 이 방법을 강력 추천하겠다. 하지만 이때 유의할 점이 있다. 당신은 그 적을 아주 재빨리, 갑자기, 그리고 당신 존재를 알리지 않고 죽여야 한다(장거리 미사일이나 화염 방사기 등이 필요하겠지!). 이 세 가지를 지킬 자신이 없다면 죽이는 방법은 좋지 않다. 당신은 그가 죽기를 바랄 뿐, 당신이 하고 있는 짓을 들키고 싶지는 않을 테니 말이다. 만약 당신이 한 짓을 적이 알기라도 한다면, 모든 것이 끝장이다. 적이 10억분의 1초 사이에 자신이 드디어 당신을 화나게 만들었으며 그 동안의 노력이 결국 보상받았다는 사실을 깨닫고는 편안히 잠들게 될 것이다. 어떤 것이 당신이 원하는 마지막 장면인가.

나 같은 경우는 적을 사형에 처하는

대신, 적의 인생을 감금하는 은혜를 베푸는 쪽이다. 적은 당신을 두려워하고 있다. 적은 당신에 대한 집착과 강박증 때문에 밤하늘에 대고 괜히 짖어대는 개꼴이 되고 말 것이다. 여기서 중요한 것은 절대로 상관하지 않는 것 — 상관하지 않는 척 연기하는 것이 아니라, 진정으로 상관하지 않는 것이다. 나를 믿어라. 그리고 당신은 적이 시샘하는 인생을 그저 더 확대시켜 가기만 하면 된다.

# 5

# 당신이 잘못한 일은 당신이 먼저 야유를 퍼부어라

찰스 램이 자신이 쓴 희곡의 초연 무대를 찾아갔을 때의 일이다. 시간이 지남에 따라 그는 자신의 작품에서 전혀 생각지 못했던 문제점들을 발견하게 되었다. 그는 자리에서 일어나 "우우!" 하고 야유를 퍼붓기 시작했다. 그러자 객석에서도 이내 그를 따라 야유가 쏟아졌다. 살다 보면 평상시보다 훨씬 일을 못할 때가 있을 것이다. 이럴 경우 당신이 먼저 자신에게 야유를 퍼부어라. 이렇게 하는 것이 건강에도 좋고, 다른 사람에 의해 희생물로 전락해서 곤경에 빠지는 일도 피할 수 있다.

# 6

# 잘못은 내 탓이다

어떤 일이 잘못되어 가고 있는 게 분명하고 자신에게 그 잘못에 대한 책임이 있는지 없는지 조금이라도 의심이 든다면, 그건 바로 당신에게 책임이 있다는 뜻이다. '난 정말 안 그랬는데……'라는 생각이 드는 순간, 그건 당신 잘못임에 틀림없다. 이런 결론에

빨리 도달한 사람은 잘못을 수정할 수 있고, 그 결과 오래 살 수 있다. 조금 늦게 결론에 도달해도 잘못을 고칠 기회는 있으니까 조금이라도 오래 살 수 있다. 하지만 영영 이런 결론에 도달하지 못한다면, 당신은 결코 잘못을 수정하지 못하게 되고…… 그리고…… 기분이 어떻게 될까?

# 7

# 서른이 넘었으면 자기 인생을 부모 탓으로 돌리지 말라

이 나이를 스물다섯으로 낮춰라.

# 8

# 당신을 지겹게 하는 사람은 바로 당신이다

이 법칙은 쉴새없이 떠들기를 좋아했던 토머스에게 영감을 받아 만들었다. 들리는 이야기에 따르면, 그는 스코틀랜드 섬들을 도보 여행할 때 놀랍게도 단 일 분도 쉬지 않고 이틀 내내 지껄였다고 한다. 이윽고 그가 입을 다물고 주위를 둘러보더니, 이렇게 말했단다.

"누군가 나를 지겹게 만들고 있어. 내 생각에는 바로 나인 것 같아!"

# 9

# 성직자도 아니면서 말끝마다 하나님을 들먹거리는 사람들을 가까이하지 말라

텔레비전에 얼굴을 내밀고 하나님이 바라는 게 무엇인지 말하는 직업적인 도덕주의자들이 점점 늘어나고 있다. 만약 이런 사람들이 하나님에 대해 바르게 전하고 있다면, 이보다 더 반갑고 놀라운 소식이 어디 있겠는가. 그렇다면 세상 사람들이 그들을 모세처럼 추앙하고 받들어 모신다 해도 난 아무 불만이 없을 것이다.

하지만, 만약 그들이 하나님의 뜻을 잘못 해석하고 있다면? 다시 말해서 정치 입후보자들에 대해서, 표현의 자유에 대해서, 인간 복제에 대해서, 그리고 또 다른 수많은 중요한 문제들에 대해서 하나님이 극소수 선택된 사람들에게만 당신의 의사를 전달하고 있다고 해석한다면 어쩌겠는가? 또는 이런 직업적 도덕주의자들이 하나님의 목소리를 엘비스의 목소리쯤으로 착각하고, 결과적으로 사람들에게 신성

모독적인 행동을 하도록 이끌어가고 있다면?

이런 사람들의 말에 귀를 기울이고 가까이하는 것은 아주아주 위험하다. 하나님께서 자신을 잘못 해석하고 있는 이런 사람들의 말이 너무 지겨워져서, 구약시대에 그랬던 것처럼 메뚜기 떼와 홍수로 벌하시겠다고 결심하실지 모르니까 말이다. 물론 세상이 21세기에 들어선 만큼, 하나님은 죄인들만 골라내고 우리같이 해 끼치지 않는 사람들은 그대로 놔두도록 심판 무기고를 재정비해 두었을지도 모른다. 하지만 이렇게 믿는 것은 아니다. 하나님은 좋은 분이지만 그렇게 마냥 좋기만 하진 않을 것이다.

# 10

# 원판 불변의 법칙

## 가. 돼지는 백조가 아니다

사람이 살다 보면 돼지 같은 인간 — 정말 비열하고 상종 못할 인간 — 을 한두 명은 만나게 마련이다. 이런 인간도 삶의 존재인 것은 분명하지만, 우리에겐 착해야 한다는 생각이 또한 배어 있어, 이들에게조차 다정하고 인간답게 대해 주고 싶다는 유혹을 종종 받는다.

다시 말해 만약 우리가 친절을 베풀면, 이들을 덜 돼지같이 보이게 하고 심지어 다른 존재로 개종시킬 수도 있다고 믿으려 할 때가 있다(이 얼마나 우스운 생각인가!). 하지만 이것 또한 앞에서 밝힌 제3의 법칙처럼, 욕을 먹어도 당연한 낙천주의적 사고방식과 다를 바 없다. 돼지는 돼지일 뿐이다. 이런 인간은 이미 세 살 무렵부터 비열한 인간으로서의 자질과 성격이 형성되었을 것이기 때문에, 당신이 아무리 희망이라는 불씨를 안고 개선시키려 해도 그는 절대로 아름다운 품성을 지닌 인간이 되지 못할 것이다. 설사 10억 명 중 한 명 정도 개선될 가능성이 엿보이는 돼지가 있다 치자. 하지만 무엇하러 그런 고생을 사서 한단 말인가? 설사 이것이 틀린 말이라 해도 상관하지 않는 게 더 오래 사는 비결이다. 오래 사는 것이 당신의 목적이 아니었던가?

## 나. 돼지는 돼지로 알려지게 된다

당신 눈에는 틀림없이 돼지로 보이는데, 다른 사람들은 그렇게 생각하지 않는 것 같아 답답한가? 그래서 이 비열한 인간이 당신 뒤에서 못된 짓을 하며 당신 험담을 하고 있을 때, 다른 사람들은 그의 천박하고 잘못된 의견을 그대로 받아들이는 것 같아 속이 상할 수도 있을 것이다. 그러나 걱정하지 말라. 세상 사람들도 당신과 똑같은 눈으로 보고 있다. 그가 돼지라는 사실을 모두 알고 있다는 말이다. 그는 당신에게만 비열한 짓을 하는 놈으로 비치는 것이 아니다. 당신은 아무런 해도 받지 않고 제자리로 되돌아갈 수 있다.

### 다. 세상에서 아무리 잘나가도 돼지는 돼지일 뿐이다

## 라. 돼지는 언제나 돼지이다

'돼지는 백조가 아니다'라는 사실을 알고 있는 사람도 '돼지는 언제나 돼지일 뿐이다'라는 사실을 잊어버릴 때가 종종 있다. 그가 당신한테만은 비열하게 행동하지 않기 때문에, 또는 그가 정말 썩 괜찮은 인간의 외향을 항상 유지하고 있는 것처럼 보이기 때문이다. 하지만 한 번 돼지는 영원히 돼지일 뿐이다. 물론 '돼지는 돼지일 뿐이다'라는 사실을 너무도 잘 알고 있는 당신조차도 그 순간 그 돼지 같은 인간이 너무도 멀쩡하게 보여서 당신 자신의 판단력을 믿지 못할 때도 있다. 이게 심하면 당신은 돼지에게 홀딱 넘어가 은혜를 베풀려 할지도 모른다.

당신이 이런 식의 유혹에 빠져 곤경에 처하기 전에 나의 할머니가 들려주셨던 재미있는 이야기를 하나 해주겠다. 이것은 특별히 돼지에 관한 것은 아니고, 인간의 일관성에 대한 법칙과 관련된 우스갯소리다.

한 남자가 정신병자 수용소를 찾아갔는데, 환자 하나가 느닷없이 그의 길을 가로막았다. 그 환자는 아주 정중한 목소리로 자신에게 시간을 내줄 수 있느냐고 물었다. 그리고 조심스럽게 자신이 수용소에 갇힌 이유를 아주 찬찬히 그리고 논리적으로 말하기 시작했다. 요지는 이것은 관료주의의 실수이며, 누군가 아주 큰 실수를 했기 때문에 너무나 멀쩡한 자신이 10년 이상을 억울하게 정신병자 수용소에 갇혀 있게 되었다는 것이었다. 처음에는 그 자리에서 벗어나기만을 바랐던 방문자는 점점 동정심이 일어 그의 말에 귀를 기울이기 시작했다. 그리고 이 남자가 정말로 건전하고 정상적인 사고방식을 가지고 있고, 누군가에게 억울한 희생을 당한 사람이라는 확신을 갖게 되었다.

"당신이 풀려나는 데 필요한 서류들을 준비해서 다음 주 화요일에 다시 오겠습니다." 하고 남자는 그 환자에게 말했다.

"좋습니다."

이렇게 말한 환자는 방문객을 문 앞까지 바래다주더니 그의 엉덩이를 걷어차 계단으로 밀어뜨리면서 이렇게 소리쳤다.

"야, 다음 주 화요일이야! 잊지 말아!"

# 11

## "대단해!"란 찬사를 조심하라

이것은 순수하게 내가 직접 경험하고 만들어낸 법칙이다. 당신이 어떤 아이디어를 내놓았을 때, 어떤 작품을 완성했을 때, 어떤 제안을 할 때마다 "대단해!"라고 말하는 사람이 있다면, 당신은 짐을 꾸려야 한다는 뜻이다. 어떻게 해서 이런 식의 표현이 생겼는지는 나도 모르겠지만, 위선으로 얼룩진 인간의 역사 어느 지점에서 누군가 다른 사람을 현혹하기 위해, 상대방이 목적지에 이르지 못하도록 하기 위해, 또는 상대방이 하는 일이 무엇이든지 그것을 의미 없는 것으로 바꿔치기 위해 이 교묘한 단어를 발견해낸 것이리라.

'대단해'라는 말이 교묘한 반응이라고 말하는 이유는, 진짜 속뜻과는 정반대로 말하는 경우가 많기 때문이다. 이 말을 하는 사람은 사실 당신 또는 당신이 내놓은 아이디어에 조금도 감동하지 않을 수도 있다. 그런데도 겉으로는 기를 꺾는 일은 전혀 하지 않는다. 오히려 그는 마치 당신이 페니실린이라도 발명한 것처럼 열심히 소문까지 내준다.

어떤 경우에도 이런 말에 감동하거나 관심을 기울이지 말라. 그렇지 않으면 많은 시간을 낭비하게 될 것이다. 누군가 당신 의견에 "대단해!"라고 감탄을 한다 해도 "재미있군!"쯤으로 알아듣고 집으로 돌아가라.

# 12

# "그게 무슨 말이죠?"라는 반응이 올 때 주의하라

당신의 비난을 듣고 나서 상대방이 이런 질문을 던져온다면, 그 질문을 던진 사람은 당신이 무슨 말을 하는지 완벽하게 알고 있다는 뜻이다. 알아서 적절하게 대응하라.

# 13

# 겉모습이 실체를 드러내 보여주는 경우는 아주 많다

학교에서 가르친 것과는 상관없이.

# 14

# 함부로 위트를 자랑하지 말라

위트와 재치를 조금이라도 지능의 형태로 볼 수 있을까 하고 묻는다면, 위트와 재치는 사실 지능의 아주 특이한 형태라고 대답해야겠다. 내 주위에도 위트는 넘치지만 정말 바보 같은 사람과, 평생 재치 있는 말은 한 번도 한 적이 없지만 정말 똑똑한 사람들이 있다.

나는 어쩌다 위트 있는 말을 하려 하면 점잖지 못한 생각이 떠오르거나 아니면 마지막 순간 그 대역으로 튀어나온다는 게 고작 신소리뿐이어서 교묘하게 말을 돌려야 하는 상황에 빠진 적이 몇 번 있다. 그럼에도 불구하고 모든 사람은 자신에게도 위트가 있기를 바라고 교활한 말솜씨를 부리고 싶어 한다. 때로는 번득이는 말로 사람들을 깜짝 놀래켜서 거기서 참을 수 없는 기쁨을 만끽하겠다는 충동을 느끼는 것도 사실이다.

제발 꾹 참아라. 특히 단체 회식이나

부부 동반 모임 같은 사교 모임에서는 반드시 참아야 한다. 그 이유는 다음과 같다.

만약 당신이 던진 말이 정말 위트가 넘치는 것이라면, 당신은 모두가 웃고, 그 말에 담긴 의미를 파악하여 열심히 고개를 끄덕거려 줄 것이라고 확신할 것이다. 하지만 언젠가 때가 되면 당신에게 내심 두려움을 느꼈던 사람들이 바로 당신이 던졌던 그 위트로 당신을 불리하게 만들 날이 올 것이다.

내가 볼 때 역사상 위트로 이름을 날린 사람은 네 명이다. 먼저 오스카 와일드가 떠오르고, 그 다음 도로시 파커, 윈스턴 처칠, 그리고 오스카 레반트가 있다. 여기에 마크 트웨인과 제임스 휘슬러를 추가할 수도 있겠지만, 휘슬러는 위트를 주로 과장하고 허풍을 떠는 데 이용했고, 트웨인의 위트는 아주 광범위한 전후 문맥을 살펴야 이해할 수 있다. 하지만 대개의 경우 위트는 그렇게 광범위하게 쓰이지 않고 일반적으로도 쓰이지 않는다.

사실 앞에서 거론한 네 명도 원칙적으로는 신랄한 독설가들로 알려져 있다. 아무튼 위트가 넘치는 그들의 말은 공공 석상에서 웃음을 자아내고 싶어 하는 사람들에게, 명시선집에, 그리고 자신이 만들어내는 것보다 더 신랄하고 재미난 것을 찾아야 하는 에세이스트들에 의해서 수도 없이 인용되었다. 예를 들어 보자.

징병 위원회 검사관이 오스카 레반트에게 "당신은 사람을 죽일 수 있소?" 하고 물었다. 그러자 오스카 레반트는 이렇게 대답했다. "모르는 사람들은 모르겠지만, 친구는 죽일 수 있습니다."

도로시 파커는 자기가 싫어하는 런던 여배우의 다리가 부러졌다는 말을 듣고 다음과 같이 말했다. "세상에! 멀쩡한 계단을 놔두고 난간을 타고 내려

오다가 다리가 부러진 게 분명하지, 뭐."

영국 계관 시인을 지냈던 한 시인이 오스카 와일드에게 불평했다. "이것은 나를 반대하는 침묵의 음모요. 오스카, 내가 어찌해야 좋겠소?" 오스카가 충고했다. "자네도 거기 끼게."

윈스턴 처칠은 클레멘트 애틀리를 향해 '겸손해야 할 것이 많은 겸손한 사람'이라고 부르거나 '양의 탈을 쓴 양'이라고 불렀다. 이런 유명한 일화도 있다.

● 레이디 애스터 : 윈스턴 경, 당신이

만약 제 남편이었다면, 나는 기쁜 마음으로 당신이 마시는 커피에 독을 넣었을 겁니다.

● 처칠 : 부인, 내가 만약 당신 남편이었다면, 나는 그걸 마셔야겠죠.

다른 유명한 일화들과 함께 위에서 보았던 예를 수백 번이나 듣고 있다는 사실, 그리고 이런 말을 만들어낸 사람들이 결코 같은 족속으로 부합되지 않는다는 사실은 '위트란 무엇인가?'를 다시 생각해 보게 한다.

결론은, 위트가 귀하고 소중한 재능은 아니라는 사실이다. 위트는 한 여인의 몸통 한가운데를 톱으로 켜는 마술처럼 교묘한 속임수일 뿐이다. 위트는 당장은 환영을 받을지 모르지만, 곧 그 안에 도사린 위험이 드러나고 만다. 사람들은 위트를 좋아하지만 한편으론 두려워하며, 기회만 주어진다면 그 말을 한 사람에게 응당한 벌을 주고 싶어 한다.

네 명의 악당 중에서 최고 악당상은 응당 오스카 와일드에게 돌아가야 옳을 것이다. 예술가로서 그의 창조적인 삶은 물론 상당히 신중하게 고려할 가치가 있지만, 알프레드 더글라스 경과의 동성애로 리딩 감옥으로 후송되었을 때 모두 끝이 나고 말았다. 더글라스의 부친인 퀸스버리 자작이 먼저 와일드를 고소했다 해도, 와일드가 이에 맞서 자작을 상대로 명예훼손 소송을 낸 것은 어처구니없는 바보짓이었다. 와일드는 이 소송이 자신의 명예를 지킬 수 있는 좋은 기회라고 생각했겠지만 결국 감옥으로 향하는 신세가 되고 말았다(제3의 법칙을 참고하라). 아무튼 그는 재판이 진행되는 동안에도 아주 특이한 방식으로 자신의 위트를 유감없이 발휘했고, 영국의 모든 신문에 화려하고 상세하게 보도되었다. 또 한 예로 그는 재판에 대해 말하기를 당혹스러워하는 친구에게 이렇게 말했다.

"자네도 내 상황은 들어서 알고 있을 걸세. 너무 마음 쓰지 말게. 모든 일이 잘 되고 있으니까. 노동자 계급이 내 편일세…… 소년 하나까지."

소송을 걸겠다는 번득이는 생각에서부터 시작된 이런 재치 때문에 와일드는 2년 동안 중노동이라는 형벌을 받아야 했다. 존경의 차원뿐 아니라 공정을 기하기 위해 와일드가 번득이는 위트만큼이나 대단한 정신의 소유자였음을 밝혀 두겠다. 그는 감옥으로 이송되기를 기다리는 동안 억수처럼 쏟아지는 빗줄기를 맞으며 이렇게 말했다.

"빅토리아 여왕이 자신의 죄수들을 이런 식으로 다루다니, 그녀는 아무것도 가질 자격이 없군."

하지만 위트와 관련해서 흔히 생기는 문제는, 위트가 거의 언제나 모욕을 퍼붓기 위해 이용된다는 점이다. 만약 어떤 사람이 위트가 넘치는 모욕을 들었다고 치자. 그것이 감탄해 마지않을 정도로 뛰어난 화술로 포장되어 있다 해도 모욕은 어디까지나 모욕이다. 말을 전하는 당신의 웃음 속에 심한 고통이 있다는 사실을 상대는 간파한다. 당신이 그 사람을, 적어도 그 순간만은 싫어한다는 사실을 그 역시 마음속으로는 알게 된다.

위트는 코미디이지 유머가 아니다. 코미디는 삶을 단절시키고, 유머는 삶을 확대하며 껴안는다. 위트가 있다고 알려진 사람은 또한 상당히 냉소적이고, 언제나 다른 사람들과 일정한 거리를 유지하는 것으로 알려져 있다. 당신이 알고 있는 사교 모임에서 위트에 능한 사람의 목록을 만들어 보라. 만약 그 중에서 당신이 정말로 좋아할 수 있는 사람이 있다면 나에게 알려 달라.

# 15

# 미덕을 좇되, 그것에 목숨을 걸지는 말라

'우리'라뇨, 무슨 뜻이죠?

—톤토에게 바침

영국 해군성 관리로, 독특한 암호를 이용해 당시의 시대상과 사생활을 일기로 남겼던 페피스는 기회가 닿을 때마다, 또 자기 능력이 닿는 대로 온갖

범죄를 저질렀던 사람으로 유명하다.

하지만 존슨 박사는 오히려 그를 도덕적인 인간으로 부르기를 주저하지 않았다. 그 이유는 페피스가 선한 행동과 나쁜 행동의 차이를 알고 있었고, 나쁜 짓을 더 많이 저지르기는 했지만 적어도 선행을 하려고 애썼기 때문이었다.

나이를 먹는다는 것에는 그 자체에 아주 많은 잘못과 실수를 순환적으로 반복할 수밖에 없다는 전제가 들어 있기 때문에, 우리가 끊임없이 자신에게 가하는 채찍질은 점점 극심한 자기 억압이 되고 말 뿐이다.

하지만 인간을 결함이 있는 불완전한 존재로 바라본다면, 그리하여 자신이 어긋난 일을 할 때마다 스스로에게 가하는 채찍질을 멈춘다면, 인생은 어쩌면 견딜 만한 것처럼 보일 수도 있다.

이제는 동서고금을 막론하고, 인간의 가장 고귀한 덕성으로 높이 칭송되어 왔던 '충성'을 예로 들어 보겠다. 하지만 미리 밝혀 두는데, 이 충성이라는 것은 절대 완전 성취가 불가능하다.

조만간, 그리고 대의명분이 있는 거창한 일이든 아니면 아주 하찮은 일이든, 모든 사람들은 모든 사람들을 배신하게 되어 있다. 이것은 반드시 무슨 악의가 있기 때문이 아니라, 충성이라는 것이 원래 우리 인간의 구조에서는 이익을 남겨주는 것이 없기 때문이다.

"카시우스, 날 어떤 위험에 빠뜨리려고 이러는가?"

진정으로 고결하며 충성의 상징이었던 브루투스조차 질투에 눈이 먼 한 사람에 의해 너무도 쉽게 모반이라는 유혹에 빠져들고 말았다.

나는 충성이라는 은행에 계좌를 개설하면, 아까운 내 돈을 잃어가고 있다는 생각을 머릿속에서 떨쳐낼 수 없다. 단순한 충성에의 맹세가 오히려 배신의 신호탄일 때가 너무 잦기 때문이다.

충성은 우정과는 달리 눈에 띄는 방식으로 충성을 증명하거나 또는 선언·표명하기를 요구하게 마련이며, 그 결과 불성실과 부정직함을 불러오게 된다는 약점이 있다. 또한 충성에는 '무조건적'이라는 암묵적인 의미가 들어 있다. 설사 당신이 그 사람 또는 그 체제에 동의하지 않는다 하더라도 당신이 거기에 따라가리라는 기대감과, 어쨌든 당신이 그렇게 하게 될 것이라는 암시가 도사리고 있다는 것이다. 이러한 모든 것은 실제로는 언젠가 배신을 한다는 보증서와 다름없다.

그렇다면 어떤 사람이 배신할 가능

성이 많은가?

첫째, 자신이 과소 평가받고 있다고 느끼고, 이 점에 대해서 스스로 떠벌리고 다니는 인간들이다. 만약 카이사르가 이따금 카시우스의 마음을 풀어주었다면, 그는 오늘날까지 살아 있을지 모른다.

둘째, 지위의 고하를 막론하고 자신이 그 자리에 어울리지 않는다고 생각하여 자신을 드러내길 두려워하는 사람이다.

셋째, 신문에 칼럼을 쓰는 작자들!

넷째, 뭔가 바라는 것이 있는 사람들.

다섯째, 관광지 안내서를 뒤적거리고 메르세데스 자동차 전시장에서 눈요기나 하며 대부분의 시간을 보내는 종자들.

여섯째, 이름에 모음이 하나라도 들어가는 사람들.

마지막으로 일곱째, 그러니까 모든 인간들.

충성은 아주 고결하고 숭고한 인간 행위의 표준인 만큼, 그 말 속에는 또한 아주 많은 두려움과 자기 의혹, 기회주의와 야심이 결합되어 있다. 그리고 다른 사람이 또한 거기에 고착되기를 기대하는, 판에 박은 생각을 주입시킬 때가 흔하다. 그리고 대다수 배신자들의 인생이 그렇게 흥미롭게 변하게 되는 이유 역시 이렇듯 목표 달성이 거의 불가능하기 때문이다(존 딘과 닉슨, 데이비드 스톡만과 레이건, 유다와 예수를 보라).

물론 가히 존경할 만한 충성심으로 세상에 이름을 떨친 사람들도 있다. 하지만 그들이 몸과 마음을 다 바친 충성의 대상이란 것이 그릇된 일이나 잘못된 사람인 경우가 허다하다. 충성이라는 미덕을 좇으려다 결국은 가련하고 어리석어지며, 때로는 범죄를 저지르게 되는 일도 흔히 있었다. 로즈 마리우스는 남편의 녹음기에 끝까지 충실하다 역사의 인물로 편입되었다. 허버트 험프리가 대통령 자리를 놓친 이유도 린던 존슨과 존슨의 베트남 정책에 끝까지 충실했기 때문일 것이다. 한 개인의 도덕심에 대한 맹종이 치명적인 결함으로 빚어진 예이다. 또 오디세우스 부인의 경우도 생각할 수 있다.

물론 가장 극단적인 예들은 어떤 체제 또는 정부가 소위 '국가적 이익'을 들먹이며 '충성 서약'이라는 용어로 충성을 강요할 때 일어난다(케네디가 바로 이런 식으로 언론의 입을 막아버렸다). 매카시 선풍이 거세게 불던 시절, 대학생들은 정부 보조금을 신청하려면 먼저 충성 서약에 서명을 해야 했다. 하버드 대학 학장은 이것을 하나의 요식 행위, 그러니까 신청서 양식에 인지를 혀로 핥아 붙이는 것만큼이나 아무일도 아니라고 나름대로 정당화시키려 했다. 전 교직원 회의가 열렸을 때, 위대한 이탈리아 학자 레나토 파지오리가 자리에서 일어나 말했다.

"학장님, 이탈리아 파시스트로서 학장님께 한 말씀 올리겠습니다. 학장님부터 먼저 인지를 핥고 나서 다른 것을 핥던가 하십시오."

원칙으로 돌아와서, 미덕을 추구하라.

하지만 도덕군자가 되려는 꽉 막힌 생각으로 땀을 흘리진 말라. 도덕적인 인간이 되려고 노력하는 자체만으로 당신의 인격과 덕성을 높일 수 있다. 때로 당신이 실패한다 할지라도, 당신은 자신이 저지른 잘못과 죄를 통해 당신이 옳은 길을 가지 않았다는 사실을 깨닫게 될 것이다. 오든은 〈자장가〉라는 시에서 이것을 아주 잘 묘사하고 있다.

잠이 든 너의 머리를, 내 아가야,
믿지 못할 인간인 내 팔 위에 누이렴.

아, 인간들이란!

# 16

# 자신이 잘하지 못하는 분야를 파고들지 말라

농구계에서 통하는 말 중에 '왼쪽으로 움직여라' 또는 '왼쪽에서 기회를 만들라'는 말이 있다. 풀어서 이야기하면, 오른손잡이 선수가 왼손으로 드리블과 슛 쏘는 연습을 많이 한 다음 코트에 올라가 왼쪽으로 움직이면 경기력이 향상된다는 말이다.

이 말이 농구계에선 통할지 모르지만, 실제 세상을 살아가는 기술로는 적용하기 힘들다. 실제 삶에서는 자신의 약점을 보완시키려는 시도를 하면 할수록 점점 더 약해질 뿐이다. 그와 반대로(그리고 이것이 옳다) 당신의 장점을 계속 키워 나가면, 사람들은 당신에게 어떠한 약점이 있었는지조차 모르게 될 것이다. 물론 믿기지 않을 것이다. 당신은 어떻게든 노래를 배우러 다니려고 할 테니까.

우리가 이 법칙에 쉽게 수긍하지 못하는 한 가지 이유는, 어떤 일에 아주 뛰어난 사람 혹은 그 일을 아주 잘하고 있다고 인정받은 사람에게, 방향을 바꾸어서(대개는 잘 못하는) 다른 일을 해보도록 상당한 사회적 압력이 가해지기 때문이다. 희극 배우인 빌 머레이가 좋은 예이다.

머레이는 최고의 희극 배우이다. 과장된 진지함을 연기하는 데 있어서 그는 타의 추종을 불허한다. 그는 결코 말을 많이 하거나 요란스러운 동작을 하지 않는다. 그러면서도 완전한 무능력자인 동시에 낭만적인 호소력을 지닌 미친 사람을 완벽하게 연기한다. 이런 이유로 인해, 또 머레이가 희극 배우로서 너무도 훌륭하기 때문에, 비평가들은 머레이에게 그의 장점을 살릴 수 있는 연기 대신 진짜 '진지하고' '깊고' '감동적인' 정통극을 해보라고 끊임없이 부추긴다. 내면의 나침반이 고장나 방향 감각을 잃게 된 머레이. 이렇게 실수를 한 머레이를 이용해야 또 먹고살 수 있는 비평가들.

아무튼 머레이는 〈러시모어Rushmore〉에서의 부자 사업가 역할이나 서머싯 몸의 작품 〈면도날The Razor's Edge〉에서의 악명 높은 예술가 역할처럼 자신에게 전혀 어울리지 않는 역할을 계속하고 있다. 그 자신은 그에 상응하는 보상을 받고 있다고 생각하겠지만, 그에게는 시간 낭비일 뿐이다.

또 마이클 조던을 예로 들어 보자. 그가 시카고 불스를 떠나 일 년 동안 시카고 화이트 삭스에서 야구를 하기로 결정한 일에 대해서 비평가들의 조장이나 부추김 같은 것은 없었다. 전적으로 그의 생각과 결단에 의해서 이루어진 일이었다. 만약 그 일 년이라는 기간이 조던에게 즐거웠다고 한다면, 그는 더 많은 힘을 얻었을 것이다. 솔직히 뉴욕 닉스의 열렬한 팬인 나로서는 마이클 조던이 몇 년은 골프, 몇 년은 테니스로 종목을 옮겨 다니게 만들어 그를 영원히 농구 코트에 서지 못하도록 할 수만 있다면 정말 좋겠다. 하지만 역사상 가장 위대한 농구 선수인 그에게 야구는 단지 시간 낭비일 뿐 아무런 의미를 남기지 못했다. 그는 농구 코트에 남아 있어야 했다.

이처럼 머레이가 자신이 아닌 것이 되기 위해 고생하고 조던도 그런 시도를 하게 된 이유는, 한 사람이 인생에서 얻을 수 있는 가장 큰 성취감을 '르네상스적 인간형 구현'에 두려는 이 시대의 문화적 분위기 혹은 기대감 때문이다.

이탈리아, 영국, 아일랜드 등 굳이

국가를 구별하지 않더라도 르네상스가 꽃폈던 시대에는 한 가지 이상의 일에 재능을 펼쳤던 보물 같은 존재들이 있었던 건 사실이다. 파체와 미켈란젤로 등등이 그랬다. 그들은 놀라울 정도로 여러 가지 재능을 지니고 있었을 뿐 아니라 각각의 재능을 어느 누구보다도 잘 발휘해낸 사람들이다. 하지만 나는 단테가 《신곡》만큼 위대한 창조성을 다른 일에도 불태웠다는 말을 듣지 못했다. 셰익스피어, 말로, 키드는 희곡도 쓰고 시도 지을 수 있었지만, 그 시대에는 시와 희곡은 같은 것이었다. 싱이 위대한 시를 쓸 수 없었던 것만큼 예이츠도 싱 이상으로 위대한 희곡을 쓰지는 못했다. 르네상스적 인간형이라 할 만한 이런 사람들 중 어느 누구도 자신이 못하는 일에 한사코 매달려 개선하겠다는 생각은 단 한 순간도 하지 않았다.

당신의 장점이 무엇인지 찾아내고 그것을 발전시켜라. 영국 비평가 힐레어 벨록은 작가의 꿈을 품은 한 젊은이에게 다음과 같이 충고했다.

"한 가지 주제를 물고 늘어져라. 그가 스무 살 때 지렁이에 대해서 쓰고 싶어한다면 그렇게 하도록 내버려 두라. 40년 동안 지렁이 이외에 다른 글은 쓰지 않아도 간섭하지 말라. 그가 예순 살이 되면, 이 세상에서 가장 권위 있는 지렁이의 대가 집 앞에 순례자들이 모여들어 무릎을 꿇을 것이다. 그들은 그의 문을 두드리며 지렁이의 대가를 알현하기를 사정할 것이다."

벨록은 작가란 존재를 '단순히 인기를 생각하고 있는 사람'이라고 확실하게 언급했다. 하지만 작가가 그런 사람이 아니고 뭔가? 자신의 지렁이를 찾아내라.

## 17

# 모든 사람의 작품은 훌륭하다

이 법칙은 처음 만나 생판 모르는 사람이 당신을 자기 작품을 평가할 수 있는 사람으로 무조건 결정했을 때 적용하면 좋다. 누군가 오늘날까지 세상에 한 번도 드러내 보이지 않은 자신의 그림, 요리, 조각 작품, 드레스 디자인, 사랑 노래, 또는 존 고티의 삶에 대한

3만 행에 이르는 길고 긴 희비극 서사시를 당신에게 보여주었다고 치자.

그들도 이런 요구가 당신에게 부담스럽다는 사실 정도는 알고 있다. 하지만 그럼에도 정말 당신의 의견을 존중하기에 '솔직한 의견'을 듣고자 한다. 이런 일이 생기면, "아주 훌륭하군요."라는 말만 하라. 다른 말은 한 마디도 더하지 말라. 따뜻하게 악수를 나누고, 등을 한 번 툭 쳐주고, 씩 웃고, 그 자리를 떠나라. 설사 그들이 '훌륭하다'라는 말 이외의 다른 것을 듣고 싶어한다 하더라도, 당신이 도울 수 있는 일은 이 정도면 다 한 것이다.

# 18

# 일이 생길 때마다 모든 사람과 상담하고, 비위를 맞추는 메모를 보내는 것을 잊지 말라

고백하건데, 나 자신은 이 법칙을 한 번도 따른 적이 없으며, 그렇게 무시하고 살아온 결과 상당한 대가를 치르며 지금까지 고생하고 있다. 아무튼 이 법칙은, 당신 가족과 진정한 친구 이외에는 이 세상 어느 누구도 당신의 성공을 바라지 않는다는 사실과, 그렇기 때문에 당신이 성공할 때마다 억울함과 분노를 말로 표현하거나 행동으로 옮길 준비를 하고 있는 사람이 있다는 서글픈 사실에 근거해서 만들어진 것이다.

이들은 당신이 승진할 때, 일이 잘 풀려 나가고 있을 때, 전도가 양양할 때마다 그 일에 대해서 당신이 상담해 오지 않는다면, 당신에게 공격을 해댈 것이다. 거꾸로 만약 당신이 친구와 동료들 중에서 잠재적으로 가장 위험한 사람을 선택한 다음, 그에게 다가가 남몰래 털어놓을 게 있다며 당신 미래와

관계된 일 가운데 무엇이든 마음에도 없는 질문을 툭 던져주기만 한다면, 위험은 사라지게 된다. 이제 그들은 영원히, 아니 적어도 당신이 다음번 승진을 하거나 성공할 때까지는 확실하게 당신 편이 되어 줄 것이다.

먼저 "아무한테도 말하지 말고 당신만 알고 있어요." 하고 못을 박아놓은 다음, 이렇게 물어본다. "내가 그 일을 잡아야 할까요?" 또는 "이 상황에서 내가 해야 할 가장 중요한 일은 무엇일까요?" 또는 "이 일을 내가 정말 할 수 있을까요? 이 일로 망해버리진 않을까요?" 또는 "앞으로 내가 어디에서 도움을 받으면 되죠?"라고.

특히 마지막 질문은 직장을 구할 때는 더없이 좋다. 상대방에게 당신의 가까운 조언자, 심지어 부사령관으로 생각한다는 인상을 심어주는 것이다. 이들은 일단 당신에게 신뢰받고 있다는 생각이 들면 당신의 승진에 일종의 파트너십 같은 것을 느끼고, 당신이 자신들에게 조언을 구했다는 사실을 아첨으로 생각하게 된다. 그들은 당신을 놓아줄 것이고, 심지어 당신을 훼방하고 헐뜯으려는 사람이 있다면 앞으로 나서서 막아주고, 당신을 지원해 주기까지 할지도 모른다.

하지만 당신은 이성적인 사람이므로 다음과 같은 의문이 생길 것이다.

'누군가의 조언이 필요하지도 않은데 내가 왜 상담을 해야 하지? 나는 상대방에게 내 속만 들키게 되고, 그 사람들은 대접받고 있다는 기분보다는 오히려 모욕감을 느끼면서 어쩌면 자신들이 조종당하고 있다는 생각을 하진 않을까?'

아니다. 그들은 그렇지 않을 것이다. 설사 그들이 잠시 당신의 속셈이 무얼까 생각해 본다고 해도, 곧 자신이 당신의 신뢰를 받을 만한 사람이라 여기고는, 자신은 지나치게 의심이 많다면서 자기 설득에 나설 것이기 때문이다. 성공한 사람에게 자신이 조언자 역할을 했다는 사실을 모욕적으로 받아들이지 않는 것은 아주 간단한 생물학적인 이치이다.

하지만 또 다른 찜찜한 의문이 따라올 것이다. '과연 이런 연극은 언제까지 해야 할까?' 그 대답은, "영원히 계속해야 한다!"는 것이다! 일단 당신이 어떤 상처나 해코지를 받지 않고 높은 지위에 올라간다면, 당신의 비밀을 털어놓을 사람을 지속적으로 만들어놓는 일은 아주아주 중요한 일이 된다. 그저 자동차 오일을 가는 것쯤으로 생각하라. 이게 얼마나 지겹고 사람을 맥빠지게 만드는 소리인지는 나도 알고 있지만, 흠잡을 데 없이 능력 있는 사람들이 정통파처럼 정직하고 합리적인 행동을 했다는 이유로 헤아릴 수 없는 고통을 당하는 불상사를 너무 많이 보아왔기 때문에 하는 소리다.

이제는 아첨을 떠는 메모에 대해 이야기하겠다. 당신이 상상하던 것보다 더 형편없이 떨어졌다는 생각이 들 때, 당신은 거기서 한 단계 더 밑으로 내려가야 한다. 이전에 당신이 상담을 부탁했던 사람에게 고맙다는 내용의 쪽지를 보내라. 제발 부탁인데 나에게 따지지 말라. "왜 애초부터 물어볼 의사도 없었고 대답을 들을 필요도 느끼지 못했던 질문에 대해서 상대방이 반응해 주었다는 사실만으로 감사를 표시해야만 하는가?" 하고 말이다. 가능하면 많은 사람들에게, 그리고 가능한 대로 틈을 내어 아부성 글을 쓰라는 것은 이 18번 법칙의 부칙일 뿐이니까.

내 주위에도 자신에게 도움이 될 수 있을 것 같은(또는 해를 끼칠 수도 있는) 사람들에게 편지를 보내어 실제로 출세를 했던 사람들이 있다. 그리고 이런 쪽지에 쓰이는 글이라는 게 별 게 아니다. 그저 "당신이 쓴 칼럼이 마음에 들었습니다." "당신의 말씀이 좋았습니다." 등의 표현으로도 효과는 충분하다. 이런 표현들은 열 개의 공공관계망을 구축하여 당신을 보호해 줄 것이다.

다시 고백하지만, 나는 이 부분에서는 나 자신의 충고를 따랐던 일이 거의 없는 사람이다. 또한 내 평생에 드물었던, 소위 높은 자리에 앉아 있을 때도 대부분 실패했었다. 나를 부정적인 본보기로 보면 된다.

아무튼 결론은 만약 출세에 관심이 있다면 끊임없이 상담을 구하고, 틈나는 대로 아첨하는 글을 써보내라는 것이다. 물론 나는 그런 류의 인간이 절대 아니라고 생각하는 사람이라면, 이따위 법칙은 잊어버리고 잠이나 달게 자면 그만이다.

# 19

## 외로움보다는 싸움이 낫다

이것은 아일랜드 속담인데, 나의 법칙으로 차용한 것이다. 나는 이 법칙을 다른 법칙들처럼 전적으로 믿지는 않는데, 개중에는 시끌벅적한 싸움들로 가득하고 스트레스를 받는 상황에 처하기보다는 차라리 외로움 — 외로움! 참으로 독방 감금이나 다를 바 없는! — 이라는 상태를 훨씬 매력적인 것으로 받아들이는 사람도 있을 수 있기 때문이다. 아무튼 각설하고, 외로움보다는 티격태격 싸우면서 실존하는 것이 좋다고 말할 수밖에 없다. 하지만 어느 쪽이든 극단은 피하는 게 현명한 인생살이 방법일 것이다. 여기에 이은 또 다른 방법으로, 제21의 법칙을 보라.

## 20

# 그리고 친하지도 않은 사람들을 만나는 것보다는 외로움이 낫다

동료나 친구들에게 따돌림당하고 있다는 느낌이 들기 시작하면, 흔히들 별로 친하지도 않은 사람들과 수도 없이 통화하고, 애인도 아닌 이성과 아침 겸 점심을 먹는 식의 데이트도 해보고, 그렇지 않으면 만나지 않고도 평생 행복하게 살 수 있는 사람들이나 찾아다니면서 그럭저럭 시간을 때우면 외로운 삶도 나아지겠지 하는 반작용 충동이 생기게 된다. 그래서 일단 이런 계획들을 세우기만 하면, 당신은 벌써부터 허망하다. 당신은 자신이 생각해낸 이 일들이 얼마나 끔찍할 것인지, 그리고 심지어 그 사람을 만나기 전부터 여러 가지로 우울한 순간들을 경험하게 되리라는 것을 벌써 깨닫고 있다. 군중 속에서 비참함을 느끼는 것보다는 혼자 있으면서 우울함을 느끼는 것이 훨씬 행복하다는 것을 깨닫게 되면 슬픔이 한결 견디기 쉬워진다.

# 21

# 남자와 여자가 사이좋게 살아가려면

가. 그녀가 옳다

나. 그는 정말 아무 생각이 없다. 정말로

# 22

# 거창하기 짝이 없는 말들이 들리면 당장 도망가라

"……단결과 조화……."

"……사랑, 단결 그리고 조화……."

"…휴머니티……."

"……인간 조건……."

"……인간 정신……."

# 23

# 아무것도 하지 않아도 되는 기회를 놓치지 말라

의미 없는 어떤 몸부림도 하지 말 것. 불필요한 전화 사절. 겉치레 감사 인사 사절. 복수를 하겠다는 생각도 행동도 접을 것. 다른 사람의 동의를 구하기 위해 쓸데없이 어정거리지 말 것. 아무것도 하지 말 것…… 이쯤에서 그만두어야겠다.

## 24
# 문제의 핵심을 찔러라

영화 〈시라노 드 베르제라크Cyrano de Bergerac〉에서 특히 마음에 드는 장면은, 한 작자가 시라노를 공격할 생각으로 그의 기념비적인 코를 들먹거리며 놀리는 대목에서 시작된다. 시라노는 이 버릇없는 얼뜨기가 분명히 어이없는 모욕을 퍼붓고 있는데도 꾹 참고 기다린다. 그런 다음 칼을 뽑아 들고 상대에게 달려드는 대신(시라노는 칼 솜씨가 뛰어난 사람이었다), 그는 한술 더 떠서 자신의 코에 대한 욕을 더 늘어놓는다. 그 내용은 하나같이 아주 기발하고 우스운 것이다. 얼핏 보면 마치 시라노 자신을 경멸하는 것처럼 보이지만, 실제로는 그 얼간이의 지능을 유린하는 조롱으로 이루어져 있다. 그러니까 시라노는 그 얼간이의 머리로는 평생 생각해 내지도 못할 훨씬 더 효과적인 공격과 비난을 하고 있는 것이다.

선천적인 바보로 태어나서 그런다면 모를까, 개인적인 약점을 집어 공격하는 것은 큰 실수이다. 사람들은 흔히, 아니 언제나 그 얼간이가 했던 것과 똑같은 실수를 한다. 공식 석상에서건 사적인 자리에서건 상대방의 생김새를 가지고 공격하는 일이 비일비재하다. 이것이 가장 쉽게 떠오르는 공격 양태이기 때문이다. 모두가 '뚱땡이'와 '멍청이'를 싫어했던 초등학교 운동장으로 돌아가는 퇴행을 하고 만다. 그런데 이런 식의 모욕은 효과가 지속되는 시간으로 따져보면, 달리는 자동차에 대고 술 취한 사람이 질러대는 욕설만큼의 상처도 남기지 못한다. 나는 그런 욕쯤은 그냥 받아준다. 술 취한 사람이

내지르는 욕에 누가 신경을 쓸 것인가.

정말 어떤 사람을 묵사발로 만들어 주고 싶다면, 상대방의 용모가 아니라 그의 아이디어나 생각을 공격하라. 냉정을 잃어서도, 절대로 단 한 순간 흥분하거나 감정의 동요를 보여서도 안 된다. 또 상대방이 던진 비난을 정직하게 다루어야만 한다. 공격자가 퍼부었던 말을 다시 인용할 필요가 있을 때 어떤 부분을 생략하거나 상대가 하지도 않은 말을 한 것처럼 만들지 말라. 당신 마음대로 공격자의 의도를 변형시키지 말라. 또한 속마음은 그렇지 못하더라도 가끔은 음흉스러울 정도로 관대함을 베풀 줄도 알아야 한다.

공격할 때 반드시 기억해야 할 점은, 공격당하는 사람 못지않게 공격자 역시 눈에 띈다는 사실이다. 그러니 당신이 단지 복수심 때문에 악당을 공격하는 것처럼 보여서는 안 된다. 당신은 고귀한 사람이며, 악당은 고귀한 사람에 의해 공격을 당했다고 결론을 내려줄 사람을 찾아내는 것이 중요하다.

적을 공격할 때 용모가 아니라 문제의 핵심을 물고 늘어지라는 이 법칙을 죽어도 배우지 못하는 무리들이 있다. 놀랍게도 작가들이 바로 그런 족속이다. 작가들이 어떤 사람들인지 뒤집어서 생각해 보면 어떻게 공격하면 안 되는가, 그리고 어떻게 살면 안 되는가를 단번에 깨닫게 된다.

내가 여기에 올릴 명단을 적고 있는 지금도 보이지 않는 저 밑에서는 의미 없는 문학적 싸움이 한창 진행중일 것이다. 존 어빙은 톰 울프를 향해 '도저히 읽을 수 없는 글을 쓰는 사람'이라고 악담을 퍼부었다. 거기에 대하여 울프는, 이전에 자신을 먼저 공격했던 적이 있는 노먼 메일러와 존 업다이크까지 한꺼번에 묶어서 어빙에게 '장편 작가 중에서 쓸어버려야 할 사람'이라는 비난으로 응수했다. 이런 일은 차고 넘친다. 트루먼 커포티는 "그건 글도 아냐. 그냥 타이프로 찍은 거지."라는 욕으로 잭 캐루악을 공격했다. 고어 비달은 "그는 예술을 기만하고 있다. 열등한 예술이다."라고 커포티를 공격했다. 소설가 제임스 굴드 커즌스는 "나는 스타인벡의 글은 10페이지도 못 읽고 집어 던지게 된다."고 말했는데, 아마도 《분노의 포도》를 신랄하게 비꼰 것이리라.

재즈 연주자들은 다른 연주자를 언급할 때 숭배와 부러움이 가득 찬 찬사만 보낸다. 배우들도 대개는 다른 배우에게 관대한 편이다. 오직 작가들만이 상대방을 씹지 못해 안달하며 마구 침을 뱉는다. 심지어 세상 어느 누구 하나 그들의 싸움에 관심을 기울이지 않아도 이들은 끄떡도 하지 않는다. 작가가 다른 작가를 욕하는 것에 솔깃한 사람은 또 다른 작가들뿐이다. 이들에게 자신이 공격하는 자에 대한 대중의 의견 따위는 어떤 영향도 끼치지 못한다.

여기 멩컨이 헨리 제임스에 대하여 얼마나 아낌없이 평가했는지 보자.

"천치, 이 세상에서 그보다 더 못한 것은 없는 보스턴 천치……."

이번에는 윌리엄 앨런 화이트가 멩컨을 비꼬기 위해 얼마나 미려한 문장을 구사했는지 보자.

"단 한 번도 위를 쳐다볼 줄 모르는 그 돼지 같은 눈, 불결한 것만을 사랑하는 돼지 같은 주둥이, 알고 있는 것이란 오직 돼지우리밖에 없는 돼지 머리, 아플 때에만 꽥 돼지 비명을 지르는 목소리를 가진 그는 가끔 자신의 그 돼지 주둥이를 열어 추한 송곳니를 드러내고 똥오줌으로 뒤범벅이 된 벽으로 돌진하며 마치 신의 목소리를 가진 것처럼 부르짖는다."

모욕과 독설이라는 장르가 가진 한 가지 문제점은, 작가로 하여금 본궤도에서 탈선해 시간을 낭비하게 하고, 그 결과 진짜 글쓰기의 의미에 부정적인 작용을 한다는 것이다.

글쓰기의 참 목적은 더 넓게 살게 하는 것, 감각과 의식의 집중으로 빈틈없이 살게 하는 것, 그리고 더 행복하게 살아가게 하는 것에 있다. 그러나 공격적인 글쓰기는 어디까지나 사적인 것이며, 한 개인에게 해를 입히는 것만을 추구한다. 또한 공격적인 글쓰기는 본질적으로나 의도 면에서 부당하고 불완전하기 때문에, 결국에는 비이성적일 수밖에 없다.

매콜리는 소크라테스에 대하여 "그의 글을 읽으면 읽을수록, 사람들이 왜 그를 독살했는지에 대한 의문이 줄어든다."고 말했다. 만약 소크라테스가 우리에게 읽을 수 있는 무언가를 하나라도 남겨놓았다면 그의 말이 그럴듯하게 들릴지 모른다(하지만 우리가 소크라테스를 아는 것은 오직 플라톤의 글을 통해서뿐이다). 찰스 킹즐리는 셸리를 '저속한(방탕한) 채식주의자'라고 불렀는데, 이 표현은 호기심을 자극하는 면에서는 그럴듯하지만 그 뜻이 정확하게 무엇인지 파악하기는 어렵다.

그리고 공격적인 글쓰기는 잘못된 성취감을 만들어낸다. 야박하게 공격을 퍼부은 사람들에게 친구들이 축하

한다며 몰려드는 이유는 순전히 싼 값에 재미를 얻을 수 있기 때문일 뿐이다. 다시 말해 한 자리에서 한 작가가 초라해지는 꼴도 보고, 또 그 짓을 한 다른 바보 얼간이를 구경할 수 있기 때문이다.

적대감이란 것이 원래 사적인 것에서 시작된다 해도, 이것을 그런 식으로 들리게 만들어서는 안 된다. 셰리든의 〈연적Rivals〉이 공연되고 있을 때, 루키우스 오트리거 경을 연기하던 배우를 향해 관객석에서 갑자기 사과가 날아왔다. 그러자 배우는 이렇게 외쳤다. "저 사과로 나를 때리려 했던 것일까,

아니면 나의 역할 때문이었을까?" 공격을 할 때는 언제나 사람이 아니라 문제의 핵심을 짚어낼 줄 알아야 한다.

# 25

# 아무 이야기나 책이 될 수는 없다

당신이 어떤 아이디어를 던지거나 우연히 무슨 이야기를 했는데, "야, 그거 책으로 엮어도 되겠네!" 하는 격려의 말을 들었다 치자. 믿지 말라. 책으로 엮을 수 없으니까. 이런 격려를 해준 사람들이 마음에 없는 빈말을 했다는 뜻은 아니다. 단지 그들은 책 한 권이 이 세상에 탄생하기까지의 과정과 내용을 몰라서 그런 소릴 한다는 말이다.

책이란, 아주 큰 아이디어들과 심오한 주제들, 눈에 보이든 보이지 않든 엄청나게 많은 활동과 대단한 사람들이 얽히고설켰을 때 만들어지는 것, 아니 적어도 그렇게 되어야 하는 것이다.

한 예로 당신이 지금 읽고 있는 이 책이 있다. 아주 인상 좋은 한 사람이 그리 대단하지도 않은 경구 한두 가지를 툭 던진다. 옆에서 듣고 있던 누군가 "잘하면 책으로 만들 수도 있겠군!" 하고 말한다. 무슨 말인지 알겠는가?

26

# 학연, 지연, 경력부터 따지는 사람을 가까이하지 말라

이런 사람들은 그 자체로도 재미가 없을 뿐 아니라 세상의 어떤 재미난 일에도 재미를 느끼지 못하는 불쌍한 작자들이다. 이들은 겉으로는 사교의 기쁨을 추구하는 것처럼 보이지만 실제로 그 속을 들여다보면 순전히 자기 발전과 자기 보호를 위해서 그런 연기를 할 뿐이다. 이런 목적으로 만난 사람들은 신기하게도 끼리끼리 파벌을 잘도 만들어낸다. 물론 이렇게 시야가 좁아터진 소인배 무리들도 사람으로서의 도리를 챙기고 애정을 나누는 것처럼 보일 때도 있다. 하지만 그들의 밑바닥에는 어디까지나 저 여자 혹은 저 남자가 어떤 성공을 했는가, 요즘 어떤 일을 멋지게 해내고 있는 중인가, 저 사람한테 얻어낼 만한 일은 무엇인가 하는 계산으로만 꽉 차 있다.

좁디좁은 자신을 넘어 더 넓은 세상에 관심을 두고 있는 사람들과 사귀라. 당신에게 무슨 일을 하느냐고 질문하지 않는 사람과 사귀라. 당신의 최근 프로젝트지 성공했는지 여부를 묻지 않는 사람, 경력을 하나의 명사로 사용하지 않는 사람과 사귀라. 이런 이가 당신 친구이다.

# 27

# 바보라고 해서 틀린 말만 하는 것은 아니다

당신은 저 사람은 심각할 정도로 중증의 정신 박약아고, 그래서 그가 말하는 것은 틀렸다고 생각하고 싶겠지만, 그렇지는 않다.

당신을 향한 모든 비난을 원숭이가 타이프 라이터를 두들겨서 만들어낸 것으로 생각하라. 그러면 제대로 된

비난을 받게 되더라도 어쩌다 운이 좋아서 우연히 맞춘 것으로 생각할 여유가 생길 것이다. 이런 식으로 생각하면 애초에 당신에게 공격을 퍼부은 사람을 무시하면서 동시에 쏟아진 맹공을 중화시킬 수 있다. 아무튼, 자존심은 구기지 않고 그대로 살린 채.

# 28
## 칵테일 파티에 가지 말라, 부득이 가야 할 경우라면 20분 이상 어정거리지 말라

나는 사교 면에 있어서는 심하다 싶을 정도로 구제불능이다. 손가락으로 헤아려도 될 만큼 얼마 되지 않는 칵테일 파티에 초대를 받았을 때도 말을 너무 많이 하거나 아니면 반대로 입을 다물고 있기 일쑤였다. 그렇지 않으면

명상을 해야 할 정도로 의미심장한 말을 던졌다가 점점 이상해지는 분위기에 기가 죽어 불가피하게 자리를 뜨고 마는 사람이다.

아무튼 당신이 나 같은 사람이 아니고, 떼로 몰려다니며 사람을 사귀는 데 재주가 있는 사람이라면 적어도 이 법칙의 앞부분에 대해서는 신경 쓰지 않아도 좋다. 하지만 나처럼 사람 모이는 자리에 익숙하지 못한 사람인데 어쩔 수 없이 파티에 꼭 참석해야 하는 입장에 있다면 다음 규칙을 따르라.

먼저 공시된 시간에 정확히 파티장에 도착한다. 당신 이외에 찾아온 손님이 아무도 없을 것이다. 그리고 곧장 초대한 주인에게 다가가라. 주인에게 당신이 거기 참석했다는 사실을 확실하게 알려줄 수 있게 된다. 당신이 참석했다는 사실을 더 확실하게 알려주고 싶다면, 주인과 열렬하게 악수를 나눠라. 그리고 준비한 재미난 유머를 과도하게 보여줘라. 요란스럽고 인상적인 옷차림을 하면 도움이 될 것이다.

열심히 미소를 짓고, 고개도 실컷 끄덕거려주고, 여러 가지 따뜻하면서도 엄청난 일들에 대해 이야기하다가 다른 사람들이 들어오기 시작하면, 슬슬 뒤로 물러나라. 당신은 어느새 사람들에게 뒤로 밀려나는 자신을 발견하게 될 것이다. 그럼 이제 뒤를 돌아 문을 나오면 그만이다. 이렇게 하는 데 20분이면 충분하다. 집으로 돌아가 〈동물의 세계〉를 볼 시간은 아직 충분히 남아 있다.

# 29

# 시샘하지 말라,
# 어느 누구도

# 30
## 모든 사람을 믿어라, 언제나

이 법칙이 다른 법칙들, 그것도 너무도 많은 법칙들과 모순된 것처럼 보인다는 사실을 나도 알고 있다. 하지만 이 법칙대로 열심히 살아가는 사람들도 있을 것이다. 이들의 기본 인생관은 아주 냉소적이거나 아니면 그 반대로 아주 순진할 것이다. 나는 순진한

쪽을 택하겠다. 또 사실, 나는 내가 들은 모든 것을 믿는다. 언제나 믿는다. 그리고 그 결과, 나는 모든 책략과 사기와 배신의 좋은 과녁이 되어왔다. 내가 너무 많은 사람을, 너무 많이 믿었기 때문에 치렀던 대가가 얼마나 많았던가. 그리고 그런 일들을 정리하면서 나 자신을 미워한 적이 얼마나 많았던가. 하지만 지금 이 순간까지도 얼마 되지 않는 사람을 믿지 않는 것보다는, 모든 사람을 믿어주는 게 낫다는 내 생각에는 변함이 없다.

모든 사람을 믿어라. 그러면 당신은 '인생은 선하다'는 기쁨에 찬 몽상가적인 견해를 따라 당신 인생을 조종할 수 있게 된다. 이런 생각을 하는 것만으로 당신은 젊어지는 기분이 들 수 있다. 내가 알고 있는 정말 뛰어난 예술가들은 한결같이 순진한 사람들이고, 이런 순진한 삶의 태도야말로 그들이 세상을 새롭게 창조하는 원동력이 되어준다.

나는 매일 새벽, 하루가 바다처럼 거침없이 탁 트여 있을 것이라는 확신으로 시작한다. 나도 가끔은 옳을 때가 있다. 그러면 된 것이다. 사실은, 내 생각이 옳을 때가 아주 많다.

# 31

# 다른 사람을 개선하려 하지 말라 그에게 도움이 될 거라는 걸 안다 해도

다음은 언제든지 흔히 일어날 수 있는 상황이다.

여기 당신의 친구, 친척, 고용인, 고용주, 직장 동료가 있다. 그들은 세상 사람들 모두가 알고 있는 자신들의 결점을 모르고 있다. 그리고 당신은 그저 솔직하고 상처를 주지 않는 대화로 그들에게 무엇이 문제인지 가르쳐줄 수 있는 방법을 알고 있다. 당신에게 지적을 받은 그들은 환한 빛을 보듯 자신들의 결점이 무엇이었는지 깨닫는다. 그리고 당신의 친절하고 용감한 행동을 언제까지나 고맙게 생각하게 될 것이다.

하지만 그보다는 얌전하게 있는 편이 더 낫다. 당신이 그들의 불쾌한 테이블 매너에 대해서, 옷을 고르는 취향에 대해서, 큰 소리로 떠드는 버릇에 대해서, 말귀를 잘 알아듣지 못하는 눈치 없음에 대해서, 편집증에 대해서 알려주는 바로 그 순간부터, 그들은 즉시 그 문제점들을 고치려고 애쓸 것이다. 그들의 행동이 점점 나아짐에 따라 그들의 삶도 구제받을 수 있을 것이다. 그러면 그들은 개과천선한 자신에 대해 그리고 미래의 모든 행복에 대해서 당신에게 빚진 기분을 가지게 될 것이다. 그래서 무슨 일이든 당신에게 정직하고, 솔직하고, 숨김 없이 드러내려 할 것이다.

제발, 두 손 모아 빌겠다. 개선의 뮤즈가 당신 귀에 대고 '저 사람의 잘못을 고쳐서 다른 사람으로 만들어봐.' 하고 속삭일 때, 힘껏 그 뺨을 내리쳐

라. 제2의 법칙을 상기해 보라. 당신이 그들에게 무엇이 문제인지 말하지 않는다면, 어느 누구도 당신 생각을 하지 않을 것이다. 하지만 지적한 다음 정말 그들이 당신 생각을 하고 있다는 확신이 들 때가 있을지도 모른다. 그때는 그들이 당신을 죽이겠다는 생각을 하고 있을 때이다.

# 32

# 모두가 뜯어말리는 일은 하지 말라

# 33

## 친구에게 그 친구를 중상하는 소식을 전해 주는 사람이 되지 말라

"적과 친구는 힘을 합쳐 당신 가슴에 깊은 상처를 준다. 적은 당신을 비방하고, 친구는 그 사실을 당신에게 전해 줌으로써."

이 말을 한 작가는 마크 트웨인이고, 물론 그의 말이 백 번 천 번 옳다. 하지만 당신이 반대 입장에 서 있게 되었을 때, 이 법칙에는 우정이라는 이름으로 받아들이기 어려운 점도 있다.

만약 누군가가 당신 앞에서 당신의 친구를 비방한다면, 당연히 그 사실을 친구에게 알려주고 싶어질 것이다. 하지만 한편으로 당신은 친구가 고통에 빠지는 모습을 보고 싶지 않을 것이고, 그렇다고 해서 친구의 대리인이 되어 그 고통을 대신 받기도 원치 않을 것이다. 그래서 당신은 스스로에게 이렇게 말한다. '나쁜 말을 하면서 악의를 품고 있는 사람은 다른 사람이 아니라 차라리 나라고 생각하자.'라고 말이다.

그럼에도, 이것은 그렇지가 않다. 만약 남이 불행하기를 바라는 A라는 사람이 B에게 누가 당신을 욕하고 다닌다고 말한다면, B는 A에게서 그 소식을 전하는 기쁨을 빼앗기 위하여 자동적으로 방어 태세를 갖추게 된다. 하지만 나쁜 소식을 전해 주는 사람이 그가 사랑하는 사람이라면, 그는 방어벽을 내리게 되고, 그래서 쉽게 상처를 받는다.

이 세상은 속 좁은 인간들이 사는 곳이므로, 당신 친구도 곧 누가 자신을 비방했는지 다 알게 된다. 만약 당신 친구가 똑똑한 사람이라면, 자신이 먼저 이 문제를 꺼내 불편했던 당신 마음을 풀어주려 할 것이다. 상황을 조정하는 일은 이제 친구의 손으로 옮겨가게 되고, 상처의 상당 부분이 축소될 것이다. 남은 일은 당신과 친구가 나쁜 말을 하고 다닌 적을 기회가 닿는 대로 빨리 없애는 데 동의하는 것이다.

# 34

## 그것은 당신 이야기가 아니다

1970년대 후반, 나는 《워싱턴포스트》에 칼럼과 사설을 쓰고 있었다. 딱히 특별한 주제에 대해서 아는 것이 없었던 나는 유명인들이 죽었을 때 추모 기사를 쓰는 일을 맡게 되었다. 죽은 사람에 대한 글을 자주 쓰게 되자, 동료들은 나를 '죽음의 사자'라고 불렸다. 유쾌한 별명이라고는 할 수 없지만, 적어도 나에게 한 가지 재주는 있었다고 해석하고 싶다.

골다 메이어가 세상을 떠났을 때, 나는 그녀의 삶과 업적을 기리는 특집 기사를 쓰게 되었다. 나는 이미 세상에 알려져 있는 사실을 다시 베끼기보다는 적어도 그녀를 개인적으로 알고 있는 사람들을 만나 단 한 줄이라도 생생한 증언을 싣고 싶었다. 나는 당대에 가장 영향력 있는 칼럼니스트에게 전화를 걸어 부탁을 드렸다.

"메이어 여사에 대해서 특별한 기억이 있다면 말씀해 주시겠습니까?"

그가 즉시 대답했다.

"오, 물론이죠. 우리는 아주아주 가까운 사이였죠. 나는 그녀가 내 귀에 대고 '당신이야말로 미국 최고의 칼럼니스트예요.'라고 말했던 그날을 잊지 못할 겁니다."

자기 분야에서 성공하고, 많은 사람들로부터 존경을 받고, 지적이며, 전세계적으로 알려진 이 남자는 자신의 모습이 얼마나 우스워 보이는지 꿈에서도 생각하지 못했을 것이다(나는 그의 이 말은 끝내 기사에 인용하지 않았다). 이 남자는 자신에 대한 질문이라고 생각한 것이다. 하지만 나, 죽음의 사자가 하는 말을 믿어라. 그건 당신을 가리키는 말이 아니다. 특히 이미 죽은 사람에 대해서 말할 때는 절대 이런 식의 말을 해서는 안 된다.

몇 년 전, 생전에 많은 존경을 받았고 또 사람 좋기로 유명했던 어떤 출판사 편집장의 장례식에 참석했을 때의 일이다. 고인과 함께 일했던 작가들이 한 사람씩 앞으로 나와서 추도사를 하는 순서가 있었다. 한 사람이 이렇게 말했다. "눈가에 이슬이 맺히며 그는 저에게 이런 말을 했었죠. '존, 당신은 헤밍웨이 이후 최고의 소설가일세!'" 또 다른 작가가 앞으로 나왔다. "그는 기쁨에 들떠 머리까지 떨며 이렇게 말했어요. '메어리, 당신은 버지니아 울프 이후 최고의 작가요!'" 그 다음 작가들도 고인의 이름을 들먹거리면서 결국은 자화자찬을 했다.

또 다른 장례식이 기억난다. 어떤 남자는 자신이 내린 훌륭한 판결을 고인이 얼마나 신뢰하고 의지했는지에 대해 장장 30분에 걸쳐 수없는 일화들을 열거했다.

제34의 법칙은 어떤 상황에 처해 있을 때 혹은 어떤 의문이 있을 때, 먼저 '여기서 요구하는 것이 무엇인가?' 하고 다시 자신에게 물어보라는 지극히

간단한 법칙이다. 비록 당신이 자신을 우주의 중심이라고 확신한다고 해도 어떤 경우에는 다른 행성을 중심으로 공전해야만 한다는 사실을 인정하는 것이 현명하다는 이야기다.

그런데 오늘날 저널리즘은 이 법칙을 지원하는 데 별 도움을 주지 못하고 있으며, 바로 이 점이 언론을 그토록 권위주의적으로 보이게 하는 이유라고 나는 생각한다. 요즘 저널리즘은 오직 언론인에 의해서 세상이 돌아가고 있다는 식으로 생각하고 있는 듯한데, 이것은 편협한 지방색을 띤 미디어 변형판과 다름없다. 오늘날 신문에는 정치적 암살 기사를 실을 때조차 "왕의 부음을 들었던 그날 아침, 나는 속이 메스꺼웠다. 어쩌면 그것은 커피 때문이었는지도 모른다."라는 식으로 언론인의 쓸데없는 사적 감정이 들어가는 일이 너무 많다.

아일랜드 출신의 위대한 단편 작가 프랭크 오코너는 예이츠와의 관계, 특히 친분 관계를 자주 이야기했다. 예이츠가 죽기 전부터도 오코너는 "예이츠가 나에게 이런 말을 해주었는데……."라고 자주 말했다. 그리고 예이츠가 죽자 오코너의 회상은 이렇게 바뀌었다. "내가 예이츠에게 말했지…….”

더블린에서 지내던 시절 나는 아주 잠시 오코너 밑에서 공부를 한 적이 있다. 그리고 난 그가 나에게 말했던 그날을 영원히 잊지 못할 것이다.

“로저, 자네는 나와 예이츠 이후 최고의 작가일세!”

아, 그가 너무도 그립다!

## 35

## 절대 해서는 안 되는 말들!

가. "자네가 지금까지 한 일 중에서 최고야!"

사람들은 자신이 하고 있는 일이나 작품이 완벽을 향해 지속적으로 나아가고 있다고 믿기를 좋아한다. 비록 말은 하지 않더라도 상대방도 자기처럼 생각해 주리라 추정한다. 이런 사람들에게 "이건 당신이 지금까지 한 일 중에서 최고다."라는 식의 말은 "당신이 해왔던 다른 모든 것보다는 낫다."라고 들리는 게 당연하다. 당신이 진정 좋은 뜻으로, 절대적인 칭찬으로 한 말이 그들에게는 상대적인 모독으로 해석된다는 뜻이다. 대신 이렇게 말하라.

"이건 어느 누가 하는 것보다도 최고야. 앞으로도 이보다 더 좋은 것은 나올 수 없어!"

나. "이 요트 얼마 주고 샀어?"

다. "내 문은 항상 열려 있다네."

이 말은 당신을 바보로 만드는 상황으로만 그치지 않는다. 당신의 아랫사람들(이런 말도 되지 않는 전근대적인 용어를 붙일 수 있다면)은 어떤 식으로든 이 말을 이용해서 당신을 곤란하게 할 일을 벌이고 말 테니까.

예를 들어, 당신이 언제나 문을 열어 두겠다고 말한다. 이제 곧 누군가 — 대개는 살살 비위를 잘 맞추는 인간들인데 — 당신이 던진 말을 빌미로 당신에게 "개인적인 문제로 만나고 싶다."고 요구해 올 것이다. 그리고 그 여자 혹은 남자가 문을 쾅 닫고 나가는 순간, 당신은 그제서야 자신이 바보짓을 했다는 것을 깨달을 것이다. 악의 어린 음모에 어리석게 끼여들고 만 것이다. 당신 자신이 주창했던 '열려 있는 문 정책'은 순전히 자신의 이익만을 노리는 사람에게 꼼짝없이 걸려들어 이용당하고 만다는 사실을 그제서야 알게 되는 것이다.

반대로 만약 당신이 직장에서 "내 문은 항상 닫혀 있다."고 선언한다면, 사람들은(당신의 지위와는 상관없이) 당신을 야박한 사람이라고 불평할지 모른다. 그래도 그들은 더 신중하게 행동할 것이고, 그 어떤 경우라도 당신이 지시

한 일을 해낼 것이다.

정리를 하면, 마음에 없는 말은 절대 하지 말라. 설사 그런 말을 하고 싶은 마음이 있어도, 어쨌든 말하지 말라.

라. "오늘따라 예뻐 보이는데."

'가'를 다시 보라. 모든 사람은 매일 아름답게 보인다는 사실을 기억하라.

마. "당연하지." 또는 "제기랄!" 또는 "내가 손해 볼 건 없지."

바. "정말 계약서가 꼭 필요할까요?"

# 36

## 누군가를 거짓말쟁이라고 부르는 순간 그 사람은 거짓말쟁이가 되어버린다

'재미'라고는 조금도 없는 이 법칙을 나는 좋아한다. 이것은 순수하게 내 머리에서 나온 것이 아니다. 클라크 게이블이 중국인들에게 공로를 돌렸던 영화 대사 중 하나를 또 내가 빌린 것이다.

영화 속 게이블은 아내(마리나 로이)를 끔찍할 정도로 위해 주는 성실한 남편으로 나온다. 그런데 아내는 남편이 비서(진 할로) 주변을 얼쩡거리며 수작을 벌이고 있다고 의심한다. 이때부터 재미있는 일이 생긴다. 정절을 지키지 못했다는 아내의 비난을 받았을 때 게이블은 비로소 자신이 바람을 피울 수 있다는 가능성에 대해서 생각하기 시작하는 것이다. 결국 영화는 모두 좋은 게 좋은 식으로 마무리되지만, 여기에는 생각해 볼 만한 법칙이 있다.

한 사람의 내면에는 좋은 사람, 나쁜 사람, 머리가 똑똑한 사람, 바보 같은 사람, 믿음을 주는 사람과 그렇지 못한 사람들이 섞여 살고 있다. 경우에 따라 좋은 면이 부각되기도 하고 억제되기도 한다. 그러니까 부정적인 면은 그 존재조차 잊고 살자. 모든 성격이 다 겉으로 드러나지는 않는다.

# 37

# 웨이트리스는 당신에게 마음이 있는 것이 아니다

비록 현대인들이 시시하고 단조롭고 마비되어 가는 삶에 찌들려 있다 할지라도, 우리에게는 아직도 가슴을 뛰게 만드는 낭만적인 본성이라는 것이 남아 있다. 그래서 저 모퉁이만 돌아가면 모험으로 가득 찬 인생과 끝없는 즐거움이 있을 것이라는 생각에 사로

잡힐 때가 많다.

남자들에게 이런 환상은 웨이트리스의 형태로 나타난다. 한 남자가 카페에 들어간다. 그는 자리를 잡고, 커피를 홀짝이며 자신이 주문한 이름 모를 파이를 우적우적 소리내어 씹고 있다(이름 모를 파이를 주문한 사람은 바로 이 남자다. 그것도 아주 또렷한 목소리로! 남자란 이런 족속이다).

어여쁜 웨이트리스가 그에게 음식을 날라온다. 그리고 돌아서 간다. 그때 남자가 웨이트리스를 쳐다본다. 그리고 갑자기, 그는 모든 것을 깨닫는다. 자신이 평생 동안 찾아다녔던 사람이 바로 이 웨이트리스였다는 사실을! 누군가 그녀를 팜이라고 부르는 소리가 들린다. 그러니까 그는 평생 팜을 찾아 헤맸던 것이다.

그는 오늘밤 그녀에게 바깥에서 저녁식사를 하고 영화도 보자고 데이트 신청을 할 것이다. 내일 그들은 결혼식을 올리기 위해 사우스캐롤라이나로 달려갈 것이다. 모레가 되면, 그는 자신의 단조로움에 싫증이 나고, 팜과 함께 사는 생활도 지겨워질 것이다.

그러던 어느 날, 다행스럽게도 이번에는 크리시가 일하는 카페에 앉아 있는 자신을 발견하게 될 것이다.

만약 그 남자가 팜이 자신을 기다리고 있었다는 착각에서 벗어날 수만 있었다면, 그는 훨씬 많은 시간을 아낄 수 있었을 것이다.

웨이트리스인 팜 역시 인생은 따분하고 지루하다. 그녀의 남편인 루는, 고맙게도 일 년이 넘게 크리시와 연애를 한 다음, 지금은 시내 한복판에 있는 카페 웨이트리스인 제니스에게 빠져 있다. 그리고 팜 자신은, 다린느와의 생활에 염증을 느끼고 지루해하고 있던 보험 회계원인 마티에게 눈독을 들이며 꼬리칠 기회만 노리고 있다. 크리시는 사내라면 이제 지긋지긋하고 재미없다며 제니스에게 목을 매고 있다. 무슨 말인지 이해가 가는가?

# 38
# 속도를 늦추지 말라

이 책에 소개한 법칙들 상당 부분이 무엇을 금지하거나 조심하라는 것이기 때문에 솔직히 이번 법칙을 내놓기가 망설여진다. 하지만 이 법칙의 요지가 주저하지 말라는 것이므로 밀고 나가겠다.

'속도를 늦추지 말라'는 아이디어는

어린시절 보았던 영화에서 영감을 얻은 것이다. 음속을 돌파하기 위해서 애쓰는 영국 조종사들의 이야기를 다루었던 그 흑백 영화의 제목은 〈음속의 장벽을 허물며Breaking the Sound Barrier〉였는데, 순수한 픽션이면서도 일련의 장면들과 느낌은 마치 다큐멘터리 영화를 보는 듯한 착각을 불러일으켰던 것으로 기억하고 있다.

영화 속 조종사들은 하나같이 자기 임무에 충실하며 명령에 절대 복종했다. 수많은 조종사들이 차례대로 제트기에 올라탄 다음 음속에 도달할 때까지 점차적으로 속도를 높여간다. 속도가 어느 지점에 이르면, 기체는 무섭게 흔들리기 시작한다. 조종사들은 급박한 목소리로 관제탑을 향해 “충격파 발생, 충격파 발생!” 하고 외친다. 조종사들은 진동을 멈추기 위해 비행 속도를 늦춘다. 이런 시도를 할 때마다 비행기는 급강하하거나 맨바닥에 부딪혀 박살이 나곤 한다. 실험을 할 때마다 똑같은 상황이 반복될 뿐이다.

그러던 어느 날, 한 조종사가 비행기에 올라타 모든 양상을 바꾸어놓는 일이 벌어졌다. 그가 탄 비행기 역시 음속에 도달하여 ‘충격파’가 발생하기 시작했는데도 그는 비행을 멈추지 않았다. 대신 그는 계속 속도를 높였고, 순간적으로 충격파 벽을 뚫고 날아 음속을 돌파했다.

나는 아주 어린 꼬마였을 때 이 장면을 보았는데, 그 순간 온몸을 적셨던 흥분은 오늘날까지도 잊혀지지 않고 생생하게 남아 있다. 어린아이 눈에 그렇게도 선명하게 드러났던 교훈은 어른들에게 역시 선명한 기억으로 남아 있어야 마땅하다.

인생이란 두려움으로 대하거나 방어적으로 다루면 아주 위험해질 수 있다. 마이클 조던은 자신이 부상을 잘 입지 않는 이유는, 절대로 속도를 줄여서 경기를 하지 않기 때문이라고 고백했었다. 인생은 전속력으로 부딪치는 사람에게만 아름다운 보상을 해준다. 전속력으로 부딪치며 사는 것이 더 재미있을 뿐만 아니라, 훨씬 안전하다.

이 법칙은 언뜻 젊은이들을 겨냥하는 것처럼 보일지 모르겠다. 하지만 오히려 나이 들어가는 사람들에게 더 유용한 법칙이다. 나이가 들수록 이 법칙의 의미가 더욱 깊게 가슴에 와닿을 것이다.

이 법칙은 사랑, 사업, 재정적인 문제, 예술, 다른 사람을 돕는 일 등등 인생사 모든 일에 그대로 적용된다. 어떤 결정적인 속도에 도달하면 당신은 너무 빠르다고, 이전에는 이런 속도로 여행을 한 적이 한 번도 없었기 때문에 너무 위험할지도 모른다고 생각할 것이다. 당신을 둘러싼 모든 것들이 뒤로 물러서라고, 속도를 줄이라고 외치는 것 같아 두려움이 밀려온다. 하지만 결코 그렇지 않다.

이 세상은, 당신의 모든 것을 동원하여 과감히 도전해야만 하는 곳이다. 다시 말해, 세상에 도전하고, 세상에 도전할 것을 만들고, 거기에 따르는 위험을 감수하라.

당신의 온몸은 충격으로 떨고 있다.

당신은 지상 수마일 위에 있다. 속도를 올려라. 저 너머에 있는 그곳으로.

# 39
# 자신을 상징하는 옷차림을 만들라

헤다 호퍼를 생각하면 그녀의 화려한 모자가 같이 떠오른다. 메리언 무어는 삼각 모자를 쓰는 것으로, 마크 트웨인(그리고 요즘 사람으로는 톰 울프)은 순백색 정장 차림으로 알려져 있다. 아서 쉴레징어 주니어는 언제나 나비 넥타이를 매고 다닌다. 물론 이

들 모두 옷차림 말고 인지도나 중요도에 있어서도 눈에 띄는 사람들이다. 그렇지만 이들이 다른 사람들의 시선을 잡는 데 있어 얼마나 신중하게 겉모습을 선택했는지는 한번 깊이 생각해 볼 만하다.

사람들은 흔히 그들이 이런 차림새를 하는 것은 '시각적인 정체성'을 구축하기 위한 의도 때문이라고 믿는다. 그리고 그들의 차림새는 그들의 명성이 높아짐에 따라 그 자체가 하나의 서명으로 변해 갔다고 믿는다.

하지만 나는 여기엔 또 다른 이유이자 훨씬 중요한 이유가 있다고 생각한다.

그것은 바로 자기 보호이다. 자신만의 개성을 살린 옷차림을 고집하는 것으로 알려진 사람들은 어려운 시기에 보호를 받는다. 그 이유는 그들의 특징적인 외형이 한 사람의 인생, 하나의 생물학적 정체성을 상징처럼 표현해 주기 때문이다. 연역적으로 풀어보자.

삼각 모자는 메리언 무어이다. 무어는 중요한 현대 시인이다. 삼각 모자가 보이면 그것은 중요한 현대 시인을 보고 있다는 뜻이 된다. 그러니까 메리언 무어가 형편없는 졸시를 썼을 때도 그 삼각 모자를 본 사람들은 그녀가 여전히 아주 좋은 시인이라는 사실을 기억하게 만든다는 것이다. 이렇게 특징적인 겉모습은 침체기 혹은 좋지 않은 상황에 빠져 있을 때 보호막 구실을 톡톡히 한다.

왕과 여왕들이 왕관을 쓰고 있는 이유가 바로 이런 이유 때문이다. 왜 슈퍼맨은 슈퍼맨 의상을 입고 있는가? 아주 중요한 지위에 있는 사람들이 겉모습만 보아도 그 사람이 누구인지 금방 알 수 있는 의상을 입고 다니는 이유는 무얼까? "이것이 바로 나다. 지금부터 무슨 일이 일어나든, 내가 이런 사람임에는 변함이 없다."고 말하기 위해서다.

하지만 반드시 중요하고 대단한 사람들만 이 법칙을 독점하는 것은 아니다. 나는 언제 어디서든 자신을 표시하는 옷으로 터틀넥을 입고 다니는 남자와 항상 검은색 드레스만 고집하는 여성을 알고 있다.

언제 어디서든 당신임을 즉시 알아차릴 수 있는 한 가지 의상 목록을 선택하라. 그리고 이것을 항상 입고 다녀라. 그러면 행여 당신이 순간적으로 못된 주문에 걸려 곤경에 처하더라도, 빨리 풀려나게 될 것이다.

한 사람의 특색과 개성을 돋보이게 하는 외형은 또한 현실의 굴레에 얽매

이지 않도록 만들어준다. 연극 속의 등장인물이 되어간다고 생각해도 좋다. 그리고 당신이 성공하면 할수록, 세상 사람들은 당신이 당연히 성공할 줄 알았다고 생각하고, 또 앞으로도 더 큰 성공을 거둘 것이라고 기대한다.

나는 텔레비전에 출연할 때는 대개 감색 스웨터를 입는다. 재미있게도, 사람들은 내가 그 스웨터를 입고 있다는 사실을 알아차리면서도 내가 바보 같은 소리를 하고 있다는 사실은 알아차리지 못한다. 기사들은 갑옷으로 무장을 했다. 당신도 자신만의 옷차림을 만들어라.

# 40

# 행복한 인생은 길어봤자 5분이다

굳이 내가 이 법칙에 대해 부연 설명을 하지 않아도 지당한 말이라고 고개를 끄덕일 사람도 있겠지만, 그래도 완전히 행복한 인생이 가능하다고 믿는 사람이 더 많은 게 사실이다. 더 나아가 이들은 이런 믿음에 근거하여 직접 행동으로 옮기기까지 한다!

그들은 가정을 바꾸고, 직업도 바꾸고, 성형수술로 자신의 얼굴도 바꾸고, 심지어 국적도 바꾼다. 아무튼 모든 것을 바꾼다. 이들이 이렇게 모든 것을 바꾸는 이유는 무언가 대단하고 실질적인 이유가 있어서가 아니다. 5분도 못 가는 행복을 회상하고 그 순간을 마치 영원 불멸한 것처럼 반복적으로 재창조할 수 있기를 원하기 때문이다.

심지어 이런 사람들은 이 5분이 진짜 5년이나 되는 것처럼 스스로를 설득하려 든다. 그리고 어김없이 찾아오는 혼돈, 의심, 비참함, 두려움, 혼란 그리고 또다시 찾아오는 혼란을 법칙의 예외

조항이라고 제멋대로 바꾸어버린다.

행복, 물론 좋은 것이다. 하지만 당신이 5분 이상 행복했었다면 그것은 당신이 아무런 생각을 하고 있지 않았을 때뿐이다.

# 41

# 당신보다 자신감이 없는 사람을 위해서는 일하지 말라

절대로 일을 도와주어선 안 되는 사람들의 목록을 뽑아보자면 꽤 길 것이다. 사기꾼, 인종차별주의자, 거짓말쟁이……. 하지만 그 중에서도 제일 위험한 인물은 바로 자신이 누군지 이해하지 못하는 작자들이다. 권력과 힘이 있는 지위에 있으면서도 자신감이 없는 사람들은, 잘못된 사람들이 전해주는 거짓된 말을 믿고, 당신의 이름을 팔면서 당신을 배신하고, 회사 전체를 혼란에 빠뜨려 모두를 실업자로 만들어버리고 말 것이다.

설령 이들이 진심으로 이런 짓을 할 의사는 없었다 할지라도, 자신의 진짜 능력이 드러나지는 않을까 낮이나 밤이나 전전긍긍한다. 그들은 자신이 그 자리의 적임자가 아니라는 사실을 알고 있다. 당신도 그들이 적임자가 아니라는 사실을 알고 있다. 그들은 당신이 이 사실을 알고 있다는 사실을 알고 있다. 차라리 능력 있고 자격을 갖춘 유능한 폭군을 위해 일하는 것이 언제나 더 낫다. 나는 스스로를 고용한 사람이다.

# 42

# 자기 반성은 적당하게 해야 오래 산다

프로이트 이후 백 년이 넘는 세월 동안 사람들은 끊임없는 자기 반성이 정신 건강에 좋다고 믿으며 살아왔다. 문제는, 그 결과 이 말이 자신들에게 얼마나 비참하고 비정한 족쇄로 작용했는지를 깨닫지 못한다는 데 있다. 어느 정도의 자기 실험 혹은 자기 반성은 좋은 일일 수 있다. 물론 이 경우에도 자기 반성이란 주어진 상황에서 자신이 꼭 해야 할 일에 정확한 방향을 잡아 나가는 것이어야지, 결코 다른 것으로까지 밀려나서는 안 된다는 전제가 따른다. 당신이 매일 밤낮을 자기 비난으로 채운다 해도 결국 당신 자신이 불완전한 사람이라는 점에서는 한 발자국도 벗어나지 못할 테니 말이다.

이번 법칙은 이런저런 일이 일어났을 때 어떻게 행동해야 적절한가 하는 문제와는 전혀 다른 문제이다. 만약 자신에게 정직한 사람이라면 2분 동안 자기 반성을 할 것이고, 자신에게 정직하고 싶지 않다면 5분 동안 자기 반성을 한 다음 당신 방식대로 진실을 만들어 나갈 것이다.

이 두 가지 모두 싫다면, 다시 말해 자기 반성 같은 것에 매달리고 싶지 않으면 생각을 외부로 옮겨라. 달리기를 하라. 꽃병을 만들라. 책을 읽어라. 그렇다. 책 속에는 비참한 인생의 실험이 수없이 많이 들어 있다. 책에서 펼쳐지는 인생 실험을 즐겨라.

# 43

# 젊은 상사가 당신을 존경해 주리라 기대하지 말라

이 법칙은 한 가지 특별한 상황, 적어도 쉰 살은 된, 또 자신보다 나이 든 사람들을 위해 일하는 데 익숙했던 사람들에게 해당되는 법칙이다. 이제 당신은 당신보다 젊은 사람, 그것도 새파랗게 어린 사람을 위해 일하고 있다. 이 젊은 상사들은 당신이 얼마나 일을 잘하는지, 그리고 이렇게 잘하게 되기까지 얼마나 오랜 역사를 지내왔는지 알지 못한다. 당신이 나이를 먹고 늙은 것은 당신 잘못이 아니다. 그들이 아직 늙지 않은 것이 그들 잘못이 아닌 것처럼.

하지만 당신은 바로 이런 상황 때문에 자존심에 상처를 받는다. 당신은 젊은 상사가 당신을 존중해 줄 것이라고 기대한다. 그리고 당신에겐 당연히 존중받을 만한 자격이 있다. 그런데 젊은 상사가 당신을 존중해 주지 않을 때, 당신에게 정확하게 글자 하나하나까지 불러주며 일을 지시할 때, 그들이 태어나기 훨씬 전부터 그 일에 대해 너무도 잘 알고 있는 당신 앞에서 일에 대해서 설명을 할 때 당신은 고통스러울 정도로 곤혹감에 빠져버린다. 그들은 당신이 얼마나 특별한 존재인지, 얼마나 재능이 있는지, 얼마나 이 일을 잘할 수 있는 존재인지를 깨닫지 못한단 말인가? 당신이 하나의 예술 작품과도 같은 사람이며, 남들이 우러러봐야 할 장인이라는 사실과 그만한 대우를 받아야 마땅하다는 사실을 이해하지 못한단 말인가?

그렇다. 그들은 그런 건 이해하지 못할 뿐더러 생각도 하지 못한다. 그러면 어떡해야 좋단 말인가? 다음 사실을 알면 인생이 조금은 즐거워질 것이다.

당신이 지닌 가치에 대하여 알아서 인정해 주지 않는다는 사실이 당신 자존심을 조금 상하게 할 수는 있겠지만, 당신이 하고 있는 일에는 좋다는 사실을 기억하라. 이 사실만 기억하면 당신은 자신이 아직도 쓸모 있는 사람임을 다시 생각하게 될 것이고, 더 좋은 결과물들을 생산하게 될 것이다. 심지어 당신이 이 일을 하고 싶어 했던 그 이유를 상기시켜줄 수도 있다.

그리고 걱정 말라. 지금 펄펄 뛰고 있는 이 젊은 명수들도 이제 곧 자신들보다도 훨씬 어리고, 또한 그들에게 알아서 감사를 표할 줄 모르는 사람들을 위해 몸바쳐 일하게 될 것이다. 어떤가? 기분이 조금 좋아졌는가?

# 44

## 명성을 좇지 않되
## 있으나 마나한 존재는 되지 말라

인기와 명성을 좇아가는 일이 얼마나 위험하며, 거기에 어떤 벌이 따르는지에 대한 글들은 차고 넘친다. 노이로제의 노예가 되기 쉽다는 사실은 차치하고라도, 맹목적으로 인기만을 추종하면 차츰 현실 감각을 잃게 되고 결국에는 이제껏 했던 모든 노력과 수고를 물거품으로 만들어버릴 수도 있다.

한마디로 인기를 얻는 일은 매우 어려운 일이다. 또한 인기를 얻는다 해도 돌아오는 보상은 그리 대단하지 않다. 인기가 있다고 그 사람이 중요한 것은 아니기 때문이다.

자리를 얻기 어려운 값비싼 레스토랑에 예약 없이 들어갈 수 있거나 그깟 재미도 없는 야구경기를 맨 앞줄에 앉아서 볼 수 있는 능력이 있다고 해서 그게 뭐 그리 대단한가. 항상 다이어트도 해야 하고, 언제나 사람들에게 예쁘고 멋지게 보여야만 한다. 생판 모르는 사람 앞에서도 늘 미소를 지어야만 한다.

그 반대로 꼭 필요한 존재가 되는 것은 인생을 살아가는 데 있어 아주 중요한 기준이 된다. 그런 삶이야말로 자신이 하고 있는 일의 질을 강조하는 삶이기 때문이다.

인기를 좇는 대신 당신의 관심을 동료들에게 인정받는 데 둔다면, 또 거기에 만족할 줄 아는 사람이라면, 당신은 많은 사람들의 눈에 띄기 위해 화려한 인사기록을 만들어내는 일보다 당신이 지금 하고 있는 일에 사람들의 이목을 집중시킬 수 있다. 그리고 그렇게 하는 편이 성공으로 이어질 기회가 훨씬 많다.

《뉴스위크》의 장수 칼럼니스트이자 《워싱턴포스트》의 편집장이었으며 1999년 암과 싸우다 명예롭게 영면한 그린필드는 평생 동안 그녀가 들인 노력의 절반만으로도 생전의 명성을 얻을 수 있었을 것이다. 캐서린 그래함이 부럽지 않을 정도로 워싱턴에서 강력한 힘을 행사하던 그녀는 인기를 얻기 위해 요란하게 사이렌을 울린 적이 한 번도 없었다. 그녀는 인기와는 먼 곳에서 자기 인생을 적극적으로 개척해 나갔다. 꾸준하게 일하는 삶의 방식을 택한 것이다(제45의 법칙을 참고하라). 그녀는 순전히 일과 능력으로 인정을 받았고, 그러자 그녀에게 비위를 맞추려는 사람들도 생겨났다. 그래서 사람들에게 조금은 두려운 존재가 되었는지도 모른다. 그럼에도 그녀는 공연히 유명인사가 되어서 사람들의 입방아에 오르내리는 것을 허용하지 않았다.

이렇듯 건강하고 건실한 태도야말로 그녀가 워싱턴에서 가장 유머 감각이 있는 사람으로 남아 있게 된 이유이다.

《워싱턴포스트》에서 일하고 있을 때, 나는 골프장에서 자기들 경기에 방해된다며 거위 한 마리를 죽인 죄로 체포된 메릴랜드 남자에 대한 기사를 쓰게 되었다. 이런 기사가 내 차지가 되었다는 사실이 억울하기도 하고 이상하기도 했다. 나는 그녀에게 이 기사의 제목으로 무엇이 좋을지 물어보았다. 그녀는 책상에서 눈도 떼지 않은 채 이렇게 말했다.

"끼룩끼룩 울며 그의 유죄를 밝히다."

《세포 하나의 인생The Lives of a Cell》과 《메두사와 달팽이The Medusa and Snail》를 쓴 생물행태 철학자인 루이스 토머스도 비슷한 사람이었다. 그 역시 암으로 죽었는데, 그는 임파선 암이었다. 오랫동안 루이스를 알고 지낸

나는 투병 생활을 하고 있는 그를 찾아가 그에 대한 글을 써도 좋을지 양해를 구했다. 그리고 많은 사람들에게 생명의 본질이 무엇인가를 이해시킨 그가 죽음에 대해서도 무언가를 말해 준다면 고맙게 생각할 것이라고 말했다. 그는 선뜻 동의했다. 그후 2년이 넘는 기간 동안 우리는 많은 이야기를 나누었지만, 그는 죽음이라는 주제를 많이 언급하지는 않았다. 하지만 시간이 지나면서 그는 죽음에 대한 몇 가지 견해를 말해 주었고, 결국 다음과 같은 결론을 내려주었다.

사람은 어떻게 죽는가보다 어떻게

사는가 하는 문제가 더 중요하며, 한 사람의 인생을 재는 가장 좋은 척도는 그의 삶이 다른 사람에게 도움이 되었는가의 여부에 달려 있다. 한 사람의 생이 다른 사람에게 도움이 되었다면, 세상은 그의 존재와 삶을 알게 된다고.

루이스는 1993년 11월에 영면했다. 내가 《뉴욕타임스》에 그의 글을 실은 지 열흘이 지난 후였다. 그 열흘 동안, 《뉴욕타임스》와 나는 루이스의 오랜 독자들로부터 그가 남겨준 지혜의 말에 대한 감사 편지를 수백 통이나 받았다. 나는 몇몇 편지를 그에게 읽어주었다. 마지막 날, 그가 혼수상태에 빠져

들어 있는데도 나는 계속 그에게 편지를 읽어주고 있었다. 그가 알아들었는지는 아무도 모른다. 루이스는 사람들이 자신의 인생을 주목하는가에 대해서 한 순간도 걱정해 본 적이 없었다.

# 45

# 묵묵하게 그리고 꾸준히! 이것이 경주에서 이기는 비결이다

당신에게 사람들의 정신을 번쩍 들게 만들 만큼 특별한 재능과 능력이 있다면, 그 일은 아마 당신이 처음부터 잘하는 일이었을 것이다. 수많은 세월 동안 그 일을 해왔던 당신은 이제 우울한 감상에 젖어, 칭찬과 찬사가 끊이지 않았던 초창기 시절을 돌아보고 있다. 당신은 옛날에 느꼈던 자극과 흥분을 다시 불러일으키고 싶을 것이다. 하지만 그래서는 안 된다. 그렇다고 걱정하지도 말라. 만약 당신이 지금 하고 있는 일로 사람들의 관심을 얻으려 한다면, 당신은 당신과 전혀 닮지 않은 다른 무언가를 하게 되기 십상이며, 그 결과 사람들은 당신이 눈에 띄지 않게 조용히, 하지만 행복하게 해오고 있었던 그 일에 대해서조차 잊어버리고 말 것이다.

현대인이 깨닫기 가장 어려운 덕목 중 하나가 바로 이 '꾸준히 능력을 쌓

아가는 것'이다. 이 말은 요즘 유행하는 새로움, 혁신 그리고 흥분과는 반대되는 개념으로 보이기 때문이다. 하지만 누가 만족스러운 삶을 살고 있는지 보라. 바로 꾸준하게 자신의 능력을 발휘하고 있는 사람들이다. 자신들은 비록 인식하지 못한다 해도 많은 사람들이 그들을 아주 중요하게 여기고 많은 감사를 보내고 있다. 어떤 일에 흥분한다는 것은, 그것을 감당할 수 있는 젊은이들에게나 해당되는 것이다.

## 46

# 자신에게 진실하라, 그리지 않으면 다른 누군가가 되고 싶어진다

지금 하고 있는 일을 기가 막히게 훌륭하게 해내는 사람이라도 때로는 다른 존재가 되었으면 하고 바랄 때가 있는 법이다. 앞으로 나아가라. 우리가 살고 있는 사회 분위기에서는 오직 얼마나 매력적인가 하는 것으로만 한 인간의 진정성을 평가한다. 만약 당신이 계속 자신이라는 사람을 싫어한다면, 자신의 진정성은 끝내 이루어내지 못할 것이다.

# 47
## 문화생활을 위한 규칙들

가. '최대의 제작비, 해외 올로케이션, 호화 캐스팅'을 내세우는 영화는 보지 말라

나. 제목만 그럴싸한 소설은 읽지 말라

다. 길어도 가볼 만하다고 소개된 콘서트에는 가지 말라

라. 독일어 남성 정관사 'der'로 시작되는 제목의 오페라는 보지 말라

마. 다른 오페라도 보지 말라

## 48

# 조금이라도 잘못이 있는 일은 전부를 버릴 줄 알아야 한다

워드프로세서 지지자들은 얼마나 수정을 잘할 수 있는가를 기준으로 그 우수성을 따지려는 경향이 있다. 사실 워드프로세서는 키 하나만 두드려도 19번째 단락이 37번째 단락으로 이동하고, 제5장이 제20장으로 둔갑하는 여러 가지 수정과 변이가 얼마든지 가능하다. 사람들은 원고를 마음 먹은 대로 뜯어 고칠 수 있고, 바로 이 점 때문에 많은 시간을 벌 수 있다는 장점을 들면서 워드프로세서의 기능을 극구 칭찬한다.

말도 안 되는 소리다. 이 같은 기능들이 결국에는 엄청난 시간을 더 잡아먹기 때문이다.

글쓰기에 있어서는 잘못 선택한 단어 하나가 글 전체를 망쳐버리고 만다. 그 잘못이 작게 보일수록, 전체에 미치는 영향은 더 크다는 사실을 기억하라. 작가란, 307페이지 네 번째 문단 끝에서 세 번째 문장을 어떻게 써야 할까를

두고 몇 달을 고심하는 사람이다. 그리고 이들이 원고의 잘못된 부분을 발견하고 그 원고 전체를 부드럽게 빼내어 마치 숭고한 의식을 치르기라도 하듯 쓰레기통으로 걸어가는 것은 더 좋은 글을 쓰겠다는 의지 때문이다.

글쓰기의 진리는 다른 일에도 똑같이 적용된다. 만약 한 가지 결과물이나 제품에 약간의 잘못이 있다면, 그 결과물 자체가 잘못된 것이다. 만약 우정에 조금이라도 잘못이 있다면, 그 우정 전체가 잘못된 것이다. 작은 실수들을 단순히 정도를 잠깐 벗어난 것으로 여기지 말고, 전체를 대표하는 주의나 경고 표시로 생각하라.

이 법칙이, 당신의 인생에서 고쳐야 할 부분은 얼마 되지 않는다고 믿고 싶은 당신에게서 기쁨을 빼앗아가리라는 것을 나는 잘 알고 있다. 바로 그렇다. 당신에게서 그 기쁨을 빼앗는 것이 바로 이 법칙들의 존재 목적이다.

# 49

## 휴가 때는 생각하지 말라

당신이 한창 휴일을 즐기고 있을 때, 마음이라는 곳에서 무언가 이상한 일이 일어난다. 마음은, 지금 이 순간이, 이 휴일이, 그토록 열망해 마지않던 상태라고 생각하기 시작하는 것이다. 그리고 당신의 몸이 한창 일광욕을 하고, 멋진 스키 활강을 하고, 신비한 동굴 속을 탐험하고, 말로 표현할 수 없을 정도로 아름다운 일몰의 풍경이나 국립공원의 화려한 산봉우리들을 멍청하게 바라보고 있는 동안, 마음은 갑자기 빌딩숲으로 변하는 신기루에 싸이면서 행복만으로 가득 찬 미래에 대하여 심사숙고하기 시작한다.

마음이 당신에게 묻는다. "이렇게 분명한 사실을 왜 지금에야 깨닫는 거지? 너는 인생을 낭비한 거야. 넌 처음부터 '이것'이 되어야 했어."라고.

'이것'은 대개 다음과 같은 꿈 — 소설가, 조각가, 수채화 화가, 규모는 작지만 자기 땅을 가진 자영농, 포도 농장 주인, 어쩌면 목수(목수? 훈련을 많이 받아야겠지만) — 으로 이어진다. 곧바로 당신은 당신의 상사에게 긴 설명조의 편지를 쓰라는 마음의 권유에 귀를 기울이고 있다.

만약 사람의 마음이 리조트 가까이에 묶어 둘 수 있는 것이라면, 휴가가 그토록 치명적이고도 위험한 것으로 둔갑하는 일은 없을 것이다. 하지만 마음을 묶어 두는 일은 불가능하다. 그러니 이제 당신이 할 수 있는 최상의 일은, 생각하지 않는 것이다. 생각하지 말라. 처음 휴가를 떠났을 때 좋아서 날뛰었던 그대로, 마음을 우둔한 상태로 계속 머무르게 하는 것이 안전하다.

예쁜 아가씨들이 이렇게 많은데, 멋지지 않은가?

# 50

## 한꺼번에 인생의 8분의 1 이상을 바꾸지 말라

많은 사람들의 문제점은, 인생에 변화를 주겠다고 결심하면 모든 것을 한꺼번에 바꾸어버리려는 데 있다. 설사 이런 일이 가능하다 할지라도 — 사실은 불가능하다! — 결국은 곤란에 처하고 말 것이다. 지금이야말로 그토록 꿈꾸던 소설가, 조각가 또는 수채화 화가로 변신할 좋은 때라는 확신이 서는가? 그럼 먼저 신발을 바꿔 신어보라. 새 신발이 얼마나 잘 맞는지 확인하라. 이번에는 머리 가르마를 바꾸어보라. 자, 당신 모습이 어떤가? 당신이 완전히 변할 시간은 아직 많이 남아 있다. 몇 년 안에 당신의 안경을 바꿔보라.

# 51

# 모든 사람이 모든 일에 대해서 감사하기를 기대하라

물론, 농담이다. 어느 누구에게도, 어떤 일에 대해서도, 감사 인사 같은 건 기대하지 말라. 이 말은, 이 넓은 우주 차원에서 당신이 감사받을 자격이 없다는 것도 아니고, 또 감사를 받지 말라는 것도 아니다. 하지만 여기는 지구라는 세상이다. 이 지구에서는, 당신이 어떤 좋은 일을 하고 그 일에 대한 감사 표시를 기대한다면, 당신에게 돌아오는 것은 화를 내는 당신 모습과 쓸데없는 일에 말려드는 것뿐이다. 결국 아까운 시간만 허비하고 만다는 이야기다.

가뭄에 콩 나듯, 당신이 베푼 친절이나 연민 또는 관대한 행위에 대해서 감사를 표시하는 사람도 있을 수 있다. 하지만 쓸데없이 참견하지 말라. 건강에 나쁘니까. 다른 사람에게 아무런 기대도 하지 말고, 그냥 조용히 앞으로 계속 가라. 그래야만 행여 — 물론 그럴 경우는 아주 드문데 — 누군가 당신에게 감사를 표시할 때, 심장마비를 일으키지 않을 수 있다. 심장마비에 걸리면 죽을 수도 있다(이걸 가르쳐준 나에게 고마워하지 않아도 된다).

# 52

# 과거 속에 살되, 너무 많은 것을 기억하지는 말라

이것은 아직 쉰 살이 안 된 사람에게는 설명이 필요한 법칙이다. '과거 속에 살되'라는 첫 부분은 보기에 따라서는 불필요할 수도 있다. 과거 이외의 다른 시간 속에 산다는 것은 불가능한 일이니까 말이다. 현재는 너무 빠르게 움직이고, 미래는 어디까지나 미래일 뿐이다. 손턴 와일더의 《위기일발The Skin of Our Teeth》에서 점술가는 이렇게 말한다.

"내가 미래를 알려주겠네. 이보다 쉬운 일은 없지. 하지만 누가 자네에게 자네 과거를 말해 줄 수 있을까? 아무도 없을걸!"

나의 경우는 내가 가장 원했던 모습이 지나간 과거 속에 있었다는 사실을 발견하는 일이 점점 많아진다. 이 말에 공감하는 사람이 있을 것이다.

하지만 너무 많은 것을 기억하지는 말라. 이 점에 대해서는 더 이상 왈가왈부할 필요도 없을 것이다.

# 53

# 무슨 일이든 돈 때문에 하지 말라

진심으로 하는 말이다.

# 54

# 원래 목적을 기억하라

대리점에서 냉장고를 주문한 남자 이야기를 들어본 적 있는가? 대리점에서는 그 냉장고가 오후 1시에서 4시 사이에 틀림없이 배달될 것이라고 약속했지만, 냉장고는 오지 않았다. 남자는 대리점에 전화를 걸어 화를 내며 어떻게 된 일인지 따져 물었다. 그리고 다음날 오전 8시에서 11시 사이에는 틀림없이 배달해 주겠다는 약속을 받아냈다. 그는 죄 없는 아내에게 화풀이를 했다.

"이번에는 확실하게 해줘야 할걸! 안 오기만 해봐라, 그냥 두지 않겠어!"

그런데 대리점은 냉장고를 제시간에 배달하지 못했고, 남자의 얼굴은 붉으락푸르락해지고 말았다. 그는 대리점 매니저에게 전화를 걸어 다짜고짜 고함을 질렀다. 그리고 자기 변호사에게도 전화를 했다. 그의 아내는 남편에게 쓸데없이 문제를 크게 확대하는 것이 아니냐, 냉장고는 언제고 올 거다, 당신 등쌀에 오히려 점점 짜증이 난다고 말했다. 그는 아내에게 "입 닥쳐! 도대체 누구 편을 드는 거야!" 하며 오히려 신경질을 냈다. 그런 다음 또다시 대리점에 전화를 걸었고, 이번에는 매니저를 죽여버리겠다고 협박했다. 위협을 느낀 매니저는 자기 변호사에게 전화를 걸었다. 한편 남자의 아내도 자신이 편집증 환자와 결혼했다는 사실에 기겁을 하여 자기 변호사에게 전화를 걸었다. 결국, 그 남자는 아내에게 25만 달러와 그가 냉장고를 들여놓기로 했던 집마저 이혼 위자료로 주어야 했다.

● 교훈 : 원래 목적(여기서는 냉장고를 사는 일)에 초점을 맞추면 아주 하찮은 불행에 의해 균형감각을 잃게 되는 일은 없다. 그리고 혹시 사실인지 알아볼 사람이 있을까봐 미리 밝히는데, 이 이야긴 내가 만들어냈다.

# 55

## 당신이 정말 이상하게 굴면, 세상 사람들이 적응해 줄 것이다

자신이 납득할 수 있는 좋은 고집을 키워라. 물론 당신만이 이해할 수 있는 독특한 습관이나 행위가 다른 사람들 눈에는 불편하게 보이거나 터무니없이 불합리하게 비쳐질 수 있다. 하지만 당신이 그 습관 또는 행위를 버리지 않고 고집한다면, 그것은 적어도 당신을 세련된 사람으로 보이게 만들어줄 뿐 아니라 합리를 추구하는 다른 사람들이 당신에게 적응하도록 해준다.

예를 들어, 나는 원고를 쓸 때 워드프로세서를 이용하지 않는다 — 몇 가지 건전한 이유(제48의 법칙에서 이미 설명했다)와 또한 전혀 이유 같지 않은 이유 때문에. 나는 노란색 노트에 글을 쓴 다음 그것을 다시 전동식 타이프 라이터로 옮긴다. 물론 나와 그리고 열두명 남짓 되는 이상한 글쟁이들이 없다면 타이프 라이터 리본 시장은 문을 닫고 말 것이다. 그리고 나 역시 이젠 정말 좋건 싫건 워드프로세서로 바꾸어야만 한다는 사실을 알고 있다. 재수없게도 내 작품을 맡게 된 사람들의 인생을 힘들게 하지 않기 위해서.

이렇게 잘 알면서 나는 왜 계속 고집을 부리는 걸까? 별종으로 인정받고 싶어서? 아니다. 어려운 사람이 되고 싶어서? 내가 꽤 까다롭고 대하기 어려운 사람이라는 사실은 알고 있지만, 그것도 아니다. 전적으로 터무니없는 방식을 내가 계속 고집하는 진짜 이유는, 모든 일을 내 식으로 하고 싶기 때문이다. 그리고 만약 내가 양보하지 않는다면, 조만간 세상 사람들이 내 방식에 맞춰주리라는 사실을 알고 있기 때문이다. 만약 내가 충분히 이상하고 낯설게 군다면, 세상 사람들이 내 쪽에 맞춰주는 수밖에 없다. 사실 내가 상대하는 편집장들은 나의 글쓰기 시스템에 대해서 전혀 따져 묻지 않는다. 그들은 내가 자신들에게 결코 적응하지 못하리라는 것을 눈치 채고 자신들 쪽에서 나의 기벽에 적응하는 쪽이 편하다는 것을 알아차렸기 때문이다.

그렇다고 해서 너무 심한 괴벽을 키우진 말라. 만약 당신이 손대지 못할 정도로 심한 '괴짜'가 되면, 다른 사람들은 당신을 다루기 힘든 사람, 영영 상대하지 못할 사람으로 치부할 것이다. 그리고 '괴벽'이나 '괴짜'라는 이 단어를, 단지 재미를 위해서 또는 다른 사람들을 고문하기 위해 발전시키는 것 또한 나는 결코 지지하지 않는다.

하지만 당신이 무슨 일이든 자기만의 방식대로 하기 좋아하는 사람이라면, 그것이 얼마나 이상한 방식이든지 상관없이 밀고 나가라. 세상은 그런 당신에게 익숙해질 테니까.

# 56

# 모닥불을 피울 때 불씨를 위에서부터 붙이지 말라

이 법칙은, 과정이 소중하며 일을 제대로 하기 위해서는 시간을 들여야 한다는 뜻으로 내놓았다. 너무도 많은 과정들을 속여 넘어가고 건너뛰는 요즘에는 이 법칙을 이해하고 사는 사람이 얼마 되지 않는 것 같기 때문이다. 쉽게 벼락 부자가 되는 법의 유행, 패스트푸드, 전자레인지로 대충 때우는 저녁식사……. 세상이 이런 판이니 이 법칙을 단 한 순간이라도 진지하게 받아들일 사람이 있으리라곤 나도 기대하지 않는다. 아무튼 당신이 불을 피울 때 맨 위에 불씨를 붙여야 한다고 생각하는 사람이라면, 모든 수단 방법을 동원해서 그렇게 피워보라.

# 57

# 진짜 경기는 공과 멀리 떨어져 있는 곳에서 벌어진다

이 법칙은, 내가 언론에 관심이 있는 학생들을 만났을 때 큰 소란을 떨지 않고 발생하는 뉴스가 한층 더 재미있다는 사실을 언급하기 위해 종종 사용하는 것이다.

원래 이 법칙을 만든 사람은, 지금은 오클라호마 주립대학교 농구팀 감독인 에디 수튼이다. 아칸사스 대학팀 코치로 있을 때, 수튼은 선수들에게 연습할 때 주로 어디에 초점을 두느냐고 물었다. 학생들은 "드리블과 슛이죠." 하고 대답했다. 그러자 그는 농구 경기가 펼쳐지는 40분 동안 드리블을 하고 슛을 하는 시간, 그러니까 선수가 실제로 공을 만지고 있는 시간이 총 몇 분이나 될 것 같느냐고 물었다. 12분, 14분, 15분 등등 여러 가지 대답이 나왔다. 수튼은 선수가 실제로 공을 만지는 시간은 고작 2, 3분일 뿐이라고 알려준 다음 농구 경기 본연의 의미에 대해 이야기했다. "경기의 대부분은 공과 멀리 떨어져 있는 곳에서 이루어지지."

수비와, 패스를 위한 정확한 위치 선정을 의미하는 말이었다.

언론에서도 공에서 멀리 있는 곳을 바라볼 줄 아는 눈을 가지는 것이 유용한데, 대부분의 기자들이 그렇지 못하다. 그들의 머리는 항상 특별한 폭로 혹은 폭발성 사건을 향해 돌아가기 때문에, 진실에 가까운 이야기를 놓치는 경향이 짙다. 비단 농구나 언론뿐만이 아니다. 더 넓은 차원으로 옮겨 가도 대부분의 사람들은 같은 식으로 행동하고 있음을 알 수 있다. 그들은 늘 일어나는 일이나 가까운 곳에서 일어나고 있는 일보다는, 갑자기 그리고 눈에 띄게 폭발적으로 일어나는 사건으로 다른 사람을 판단한다.

'진짜 경기는 공과 멀리 떨어져 있는 곳에서 벌어진다'는 이 법칙이 나이를 잘 먹어가는 데 얼마나 잘 들어맞는지 말하겠다. 어떤 사람이 평상시와는 너무도 다르게 인생의 어떤 극적인 순간에 봉착하게 되었을 때 — 그래서 공포에 질려 있거나 혹은 시무룩해져 있거나 아니면 어떤 위기 때문에 제정신이 아닐 때 — 그를 판단해서는 안 된다. 차분한 상태에 있을 때의 사람이 바로 그 사람이다. 위기에 처했을 때의 모습은 위험에 빠진 모습일 뿐이다.

만약 당신이 다른 사람이 위기에 처해 있는 것을 더 좋아하는 사람이라면, 당신은 그 반응을 보기 위해 일련의 충격적인 사건들을 계속 만들어낼지도 모른다. 하지만 당신이 다른 사람들이 조용한 순간에 있는 것을 더 좋아하는 사람이라면, 공에서 멀리 떨어진 곳에서 그들을 판단할 줄 알아야 한다. 이 법칙은 다른 사람이 당신을 어떻게 보기를 원하는가 하는 데에도 똑같이 적용된다.

# 58

# 먼저 사과하라, 화해하라, 도움을 주라

어떤가? 내가 말한 법칙들이 어렵지는 않을 것이다.

# 감사의 글

이 책은 원래 《모던 매튜리티Modern Maturity》에 연재했던 칼럼에서 시작되었다. 세상에서 가장 흉한 제목을 달고 있는 잡지사이지만 작가 입장에서는 드물게 같이 일하고 싶은 최상의 사람들이 있는 곳이기도 하다. 그 중 한 명이 바로 편집장 카렌 레이에스로, 내가 쓴 칼럼을 책으로 엮자고 제안했었다(제25의 법칙을 돌아보라). 그녀는 매우 희망적인 시선을 지니고 10년이 넘게 나와 함께 성공적으로 일을 해왔다. 나는 이 시간 동안 행복했고 그녀에게 감사한다. 그런데 이 기간 동안 카렌과 나는 한 번도 만난 적이 없었으며, 지금 이 순간까지도 만나지 않고 있다. 여기에도 뭔가 법칙이 될 만한 것이 하나 숨어 있을 것이다.

내 아내 지니에게도 고맙다는 말을 전해야겠다. 그녀는 아침식사 때마다 "이건 어때요?" 또는 "저건 어때요?" 하면서 불쑥불쑥 질문을 던져, 나에게 환상적인 영감의 물꼬를 터주었다. 생물학의 원리와 결혼이라는 제도에 의해 우리의 자녀가 된 칼, 에이미, 존, 웬디, 해리스에게도 참 고맙다. 그들이 내 곁에 있다는 것이, 또 내가 일하는 동안 조용히 해준 것이 얼마나 고마운지 모른다.

또한 이 책을 펴낸 하코트 출판사 편집장 제인 아세이는 별 볼일 없는 내 원고에 과분하게 세심한 이해력을 쏟아주었다. 나로서는 고마운 일이 아닐 수 없다. 그리고 "휴머니티 국립 양로원'의 전 대표인 로날드 버먼에게도 감사한다. 그는 이 졸작에 무언가 박학

다식한 면을 보충해 주려고 했지만, 솔직히 말해 실패했다. 그리고 재능이 많다 못해 철철 넘치는 나의 연구 보조원인 에이미 캐치올라, 그녀는 자신의 첫 소설이 출판되면 나를 헌신짝처럼 차버리겠지만, 아무튼 고마운 사람임에는 틀림이 없다. 지나칠 정도로 까다롭긴 했지만 내 원고를 세상에 내놓을 수 있도록 다듬어준 밋지 맥캐그니도 고마운 사람이다. 그리고 나를 위해 오랫동안 고생했던 나의 사랑스런 대리인 글로리아 루미스, 그녀는 내가 말도 안 되는 것을 내놓아도 놀라운 자제력으로 무엇이든 받아주었다.

나는 글로리아에게 내가 이 책을 보여주고 싶은 편집자는 제인 아세이뿐이니까, 제인이 원하지 않는다면 미련 없이 원고를 버리라고 말했었다. 제인의 결정으로 생겨난 그 모든 일들에 대해 그녀에게 직접 감사의 표시를 할 수 있으리라.

**법칙**

## 유쾌하게 나이 드는 법 **58**

# 인명 색인

고티, 존(John Gotti 1940~2002) 이탈리아계 범죄집단 두목, 일리노이스 주 메리온 연방 감옥에 수감 중 사망했다.

닉슨, 리처드(Richard M. Nixon 1913~1994) 미국의 제37대 대통령(1969~1974).

라 로슈푸코(Francois de La Rochefoucauld 1613~1680) 프랑스의 고전작가.

랜드, 아이언(Ayn Rand 1905~1982) 러시아 태생 미국 작가. 상업적 성공을 거둔 소설가로 유명하다.

램, 찰스(Charles Lamb 1775~1834) 영국의 수필가 · 시인.

말로, 크리스토퍼(Christopher Marlowe 1564~1593) 16세기 영국의 시인 · 극작가.

**매카시, 조지프 레이먼드**(Joseph R. McCarthy 1908~1957) 미국의 상원의원. 1950년대 초 미국 정부의 고위직에 공산주의자들이 침투해 체제 전복을 꾀하고 있다는 근거 없는 고발을 해 미국 전역을 떠들썩하게 만들었던 매카시 선풍의 장본인.

**메일러, 노먼**(Norman K. Mailer 1923~2007) 미국의 소설가. 1979년 퓰리처상 수상.

**멩컨, 헨리**(H. L. Mencken 1880~1956) 미국 문예 비평가 · 언론인.

**몸, 서머싯**(William Somerset Maugham

1874~1965) 영국의 소설가 · 극작가.

무어, 메리언(Marianne Moore 1887~1972) 미국의 시인.

미켈란젤로 부오나로티(Michelangelo di Lodovico Buonarroti Simoni 1475~1564) 이탈리아의 화가 · 조각가 · 건축가 · 시인.

브라이언, 윌리엄 제닝스(William Jennings Bryan 1860~1925) 미국의 정치가.

브루투스, 마르쿠스(Marcus Junius Brutus

B.C. 85~B.C. 42) B.C. 44년 3월 로마의 율리우스 카이사르를 암살한 공모자들의 지도자.

비달, 고어(Gore Vidal 1925~) 미국의 소설가 · 극작가.

※

셰리든, 리처드(Richard B. Sheridan 1751~1816) 아일랜드 태생 영국의 극작가 · 정치가.

셰익스피어, 윌리엄(William Shakespeare 1564~1616) 영국의 시인 · 극작가.

셸리, 퍼시 비시(Percy Bysshe Shelley 1792~1822) 영국의 낭만파 시인.

시라노 드 베르주라크(Savinien Cyrano de Bergerac 1619~1655) 프랑스의 풍자작가 · 극작가.

싱, 존 밀링터(John Millington Synge 1871~1909) 아일랜드의 극작가.

스타인벡, 존(John Steinbeck 1902~1968) 미국의 소설가. 1962년 노벨문학상 수상.

애스터, 낸시(Nancy Witcher Astor 1879~1964) 영국 하원 진출 최초의 여성 정치가.

애틀리, 클레멘트(Clement Attlee 1883~1967) 영국의 총리(1945~51), 영국 노동당 당수(1935~55).

어빙, 존(John W. Irving 1942~) 미국의 작가.

업다이크, 존(John Updike 1932~2009) 미국의 작가. 1991년 퓰리처상 수상.

예이츠, 윌리엄 버틀러(William Butler Yeats

1865~1939) 아일랜드의 시인 · 극작가. 1923년 노벨문학상 수상.

**오든, 위스턴 휴**(W. Hugh Auden 1907~1973) 영국 출신 미국의 시인.

**와일더, 손턴**(Thornton Wilder 1897~1975) 미국의 소설가 · 극작가.

**와일드, 오스카**(Oscar Wilde 1854~1900) 아일랜드의 시인 · 소설가 · 극작가.

**울프, 버지니아**(Virginia Woolf 1882~1941) 영국의 소설가 겸 비평가.

울프, 톰(Tom Wolfe 1931~) 미국의 작가 · 예술가.

ㅈ

제임스, 헨리(Henry James 1843~ 1916) 영국의 소설가. 미국 뉴욕에서 태어났으나 1915년 영국으로 귀화.

존슨, 린던(Lyndon Baines Johnson 1908~ 1973) 미국의 제36대 대통령(1963~69).

ㅊ

처칠, 윈스턴(Sir Winston Churchill 1874~ 1965) 영국의 총리 · 저술가 · 웅변가.

ㅋ

**카시우스, 가이우스**(Gaius Cassius Longinus ?~B.C. 42) B.C. 44년 율리우스 카이사르를 암살한 음모단의 주모자.

**카이사르, 율리우스**(Julius Caesar B.C. 100~B.C. 44) 로마의 유명한 장군 · 정치가. 갈리아를 정복했으며, B.C. 49년에서 46년의 내전에서 승리해 딕타토르가 된 뒤 일련의 정치적 · 사회적 개혁을 추진하다가 귀족들에게 암살당했다.

**커즌스, 제임스 굴드**(James Gould Cozzens 1903~1978) 미국의 소설가.

커포티, 트루먼(Truman Capote 1924~1984) 미국의 소설가 · 단편작가 · 극작가.

케네디, 존(John F. Kennedy 1917~1963) 미국의 제35대 대통령(1961~63).

캐루악, 잭(Jack Kerouac 1922~1969) 미국의 시인 · 소설가 · 비트 운동의 지도자 겸 대변인.

키드, 토머스(Thomas Kyd 1558~1594) 영국의 극작가.

킹즐리, 찰스(Charles Kingsley 1819~1875)

영국의 소설가 · 성직자.

토머스, 딜런(Dylan Thomas 1914~1953)

영국의 시인 · 산문작가.

트웨인, 마크(Mark Twain 1835~1910)

미국의 소설가 · 사회 풍자가.

파체(Domenico di Pace 1486경~1551)

이탈리아의 화가 · 조각가.

파커, 도로시(Dorothy Parker 1893~1967)

미국의 단편작가 · 시인.

프로이트, 지그문트(Sigmund Freud 1856~1939) 오스트리아의 정신의학자. 정신분석학의 창시자.

험프리, 허버트(Hubert Humphrey 1911~1978) 미국의 정치가. 미국의 제38대 부통령(1965~69). 1968년 대통령 후보로도 지명된 자유주의적인 상원 지도자.

헤밍웨이, 어니스트(Ernest Miller Hemingway 1899~1961) 미국의 소설가.

1954년 노벨문학상 수상.

호퍼, 헤다(Hedda Hopper 1890~1966)

가십 칼럼니스트 · 여배우.

휘슬러, 제임스(James A. Whistler 1834~1903) 유럽에서 활약한 미국의 화가.

큰글씨로 읽는 책

# 유쾌하게 나이 드는 법 58

초판 1쇄 발행 2011년 8월 3일
초판 3쇄 발행 2020년 9월 8일

**지은이** | 로저 로젠블라트
**옮긴이** | 권진욱
**펴낸이** | 한순 이희섭
**펴낸곳** | (주)도서출판 나무생각
**편집** | 양미애 백모란
**디자인** | 박민선
**마케팅** | 이재석
**출판등록** | 1999년 8월 19일 제1999-000112호
**주소** | 서울특별시 마포구 월드컵로 70-4(서교동) 1F
**전화** | 02)334-3339, 3308, 3361
**팩스** | 02)334-3318
**이메일** | tree3339@hanmail.net
**블로그** | blog.naver.com/tree3339
**홈페이지** | www.namubook.co.kr

ISBN 978-89-5937-236-2 03840

값은 뒤표지에 있습니다.
잘못된 책은 바꿔 드립니다.

이 책은 문화체육관광부(도서관정보정책기획단)가 주최하고
(사)한국도서관협회가 주관하는 "대활자본을 이용한 노인 독서 활성화"
사업에 선정되어 제작되었습니다.